语文源自生活 创造源自生活

走进语文

崔桂静◎著

图书在版编目（CIP）数据

走进语文 / 崔桂静著. — 长春：吉林文史出版社，2023.5
ISBN 978-7-5472-9431-4

Ⅰ．①走… Ⅱ．①崔… Ⅲ．①中学语文课－教学研究 Ⅳ．①G633.302

中国国家版本馆CIP数据核字（2023）第092229号

走 进 语 文
ZOUJIN YUWEN

出 版 人	张　强
著　　者	崔桂静
责任编辑	杨　卓
出版发行	吉林文史出版社
地　　址	长春市福祉大路5788号
印　　刷	长春市华远印务有限公司
开　　本	880mm×1230mm　1/32
印　　张	9
字　　数	202千
版　　次	2023年5月第1版
印　　次	2023年5月第1次印刷
书　　号	ISBN 978-7-5472-9431-4
定　　价	56.00元

做有灵魂的教育

崔桂静老师正之

癸卯春月 程翔书

让语文学习植根生活

崔桂静

经常听到这样的问题：语文需要学习的内容这么多，怎样才能学好呢？怎样才能教好呢？

叶圣陶先生讲语文的外延即生活。语文承载着太多的任务，要抓住语言这个核心要素培养学生的听说读写能力，要在发展语言能力的同时，提升审美能力，发展思维能力；要发挥语言学科的优势，落实立德树人总目标，所有这些，都是和学生的实际生活息息相关的。

既然语文的外延即生活，引导学生学语文最好的途径，莫过于让语文学习植根于生活，贴着生活这部大书来学语文。

贴着生活读写

阅读与写作，是语文学习的半壁江山，新的课程改革更是将读写提升到了前所未有的重要地位。脱离了生活的读写，如无源之水无本之木，难以激发孩子的热情与灵感。

我曾经在年级组织过两届"与秋天有约"诗文诵读活动，活动的流程是清晰的，宣传发动，班级选拔，年级比赛，奖励总结，整天在题海书海中浮沉的孩子们对这诵读会很有热情，找来很多名家名篇，一遍遍练习，精心地推敲每一句的读法，绞尽脑汁地设计每一个手势，在我们装修得非常漂亮的礼堂里，孩子们一组一组完成他们准备好的诵读。今天,再去看照片,耳畔还会有掌声响起。但总觉得又少点什么。

今年的秋天,我心里一直涌动着一个想法:带孩子们到楼下的大柿子树下去举行一场"与秋天有约"诗文朗诵会,孩子们也非常期待。那个下午,我们来到楼下,柿子树的黄叶子已经飘落了很多,但红亮的柿子像一个个小灯笼挂在枝头,非常好看。树下有个小亭子,孩子们在亭子里分组坐好,做着比赛前的准备,有的小组拿来了画笔,在白纸上涂抹着缤纷的色彩,描绘着他们看到的天、树、草、叶,还有的捡起地上的叶子,作为诵读时的道具。孩子们诵读了《香山红叶》《秋夜》《秋夕》《登高》《渔家傲》等优美的诗文。诵读之后,我们还玩起了飞花令。秋风吹过,秋叶飘飞,这一群诵读的孩子,脸上洋溢着喜悦,自然与文字,一起滋养着他们的心灵。活动结束后,我布置了微写作,让孩子们用文字记录下这次活动,我没有看到孩子们的畏难情绪,自己参与其中,享受其中,也就愿意用文字去把开心的事情记录下来。有个孩子写"我们怀着期待的心情,一窝蜂地扎在小亭子里",我说这个意思能理解,但比喻不合适,看不出期待和喜悦,再想想怎么说。我们都在想,都自然而然想到了树上的小鸟,于是就改成了"我们怀着期待的心情,像小鸟一样飞到了亭子里",这灵感,也是自然给的。孩子们有了生活,就有了写作的源头活水,这是读写之道,老师要做的,就是点拨了。现在想来,以前的活动,孩子们缺失的就是真正的体验,而走出教室走进自然的这次诵读,最大的作用在于在真实的情景中去理解、感受、想象、表达。

且看孩子的微写作:

▶让语文学习植根生活

与秋天有约

时间从浅秋渐渐地进入深秋。

2019年11月7日下午3点,我们在学校操场的小亭子里举办了一场别开生面的诗文诵读活动——"与秋天有约"。

我们组朗读的是马致远的《天净沙·秋思》、张继的《枫桥夜泊》、杜牧的《秋夕》和范仲淹的《苏幕遮》。我朗读的是《秋夕》,叶嘉铭朗读的是《枫桥夜泊》,我们一起朗读了《天净沙·秋思》《苏幕遮》。李思远负责后台工作,朗读标题,举着我们组画的跟诗文有关系的图和撒叶子。我们的朗读赢得了大家热烈的掌声。其余的四个组也朗读得非常出色,其中我比较喜欢的是梁婷玉组和王晨曦组,他们两组朗读得很有感情的。

秋风瑟瑟地吹着,我喜欢秋天,喜欢秋天湛蓝而洁净的天空,喜欢秋天翩然起舞的落叶,更喜欢在秋天中举行的朗读活动。转眼间"与秋天有约"的活动已结束了,我难以掩饰激动无比的心情,还带着些许不舍,期待着下次的诵读活动。

——杨雨泽

再比如写《我的拿手好戏》,先要让孩子去动手做一做,包饺子、蒸馒头、剪窗花、吹长笛……在不亦乐乎的忙碌后迅速投入写作,在真实的生活情境中写作,孩子们乐写能写,写出的作品具有浓郁的生活气息。

贴着生活探寻

新课标反复强调综合性、实践性,强调真情境、大任务,作为教师,应思考怎么站在学生生活实际解决真实任务,让学生体验到所学知识与生活实际的联系。

以某一个读写单元设计为例,选择了几篇文质兼美的文章阅读,总的导语是"背起行装,去触摸身边的景与物"。在完成单元要求"学习描写的手法"的同时,潜移默化进行美育与德育。如何与学生的生活结合起来去发现美体验美呢,如何让落实学习要素的过程有滋有味呢?我们设计了一个"安贞寻美之旅"的活动,安贞社区,是孩子们从小生活和学习的社区,这里美景如画,人们的生活和谐幸福。

首先在假期布置了"安贞寻美之旅"的第一个任务:请学生用相机拍下三张呈现安贞之美的照片(特写、全景,你认为有意义的)并用笔写一段话描绘出你发现的美。美照和美文放在一个文档里,开学之前提交到班级群。

开学后收到学生的假期作业,教师阅读之后进行反馈,集中梳理学生在习作中出现的问题,结合课文和读写训练点进行单元整体教学。在学习课文的过程中学到一系列的方法,完成第二个任务。最后,学生运用学到的方法修改"安贞之美"的习作,形成终极成果,完成最后一个任务。"寻找安贞之美,走进大千世界"的整体设计,把学生生活与语文学习融合起来,使语文学习变得生动有趣;突显语文学习的趣味化、生活化与实践性。这个设计得到学生一致欢迎,教学效果良好。优秀学生作品被制作成精美的展板,在学校和社区展览,为宣传美丽家园贡献了一份力量。而紧接着,我们在寻美之旅的基础上,让学生寻找身边破坏美的现象,思考破坏环境的危害,树立环保意识与热爱家园意识,并学写倡议书。学生带着对家园的热爱与责任,发现了许多不和谐的因素,并就此写成一篇篇发自肺腑的倡议书。

走进自己的生活,孩子们寻到了美,深刻地领会了美,知道了保护美，创造美。

1."清晨太阳缓缓升起，那缕缕温暖人心的阳光照进了安贞社区，一点儿一点儿地射入了树叶之间的缝隙，透过树叶的阳光折射进阴暗的角落。忽然一阵微风掠过，一颗颗晶莹透亮的露珠顺着叶子滑下来，欢快地跳跃着。绿油油的小草在柔和的晨光的爱抚下苏醒了，在雨露的洗刷下显得更加绿了，也引起了我对美景的无限向往。"——王钰菲

2."在绿树成荫，风景秀丽的安贞社区，走进大门，沿着宽敞的水泥路往西行，展现在眼前的是一面五彩斑斓的涂鸦墙，别有一番风采。这涂鸦墙原本只是一面普普通通的砖色墙，自从被一些喜欢画画的爷爷、奶奶画了几幅作品后，就陆续有大人和小孩加入。在画成了十几幅作品之后，就成为社区一道亮丽的风景线……原本光秃秃的墙，在大家的努力下，成了一个极具观赏性的艺术品，社区居民不管是老人还是小孩儿，都在用自己的智慧和双手，把小区的环境变得更美。

这就是我生活的地方，安贞之美，不仅是社区的环境美，更是居民的心灵美。"——宋心扬

贴着生活育人

《义务教育语文课程标准（2022版）》中要求"坚持把立德树人融入思想政治教育、文化知识教育、社会实践教育各环节""厚植爱党爱国爱人民的思想情怀"，教育要培养全面发展的人，在语文教学中，贴着生活育人，是对学生最实际最有效的思想教育。

中华人民共和国成立七十周年大庆，是一个巨大的资源库，比如，布置观看国庆典礼的任务，具体要求如下：

1. 写出你的整体印象和感受（100字左右）。

2. 选取两个你印象深刻的镜头拍照并具体介绍，每个镜头100字左右。

3. 收集爱国诗词及国庆标语3—5条。

4. 观看影片《我和我的祖国》。

返校后就以上任务举行班级交流活动，然后学习点面结合的写作方法，学习后回过头修改国庆任务，形成完整文章。在这个过程中，学生看到祖国的变化，感受到国家的日益强盛，爱国主义教育水到渠成。针对国庆大典这个源自身边生活的教学资源，还可以开发出国庆中的演讲、国庆中的辩论、国庆中的对联与诗歌、国庆中的光影等多个课程，在真实情境中达成立德树人的教育总目标。

无论是一个具体的教学设计，还是一场诗意阅读之旅，抑或是一个课程的整体设计与实施，甚至一套试卷的讲析评点……所有的，都应把目光投向孩子真实的生活，唤醒孩子真实的体验，语文即生活。

贴着生活学语文，让语文学习植根生活，因为语文一旦和生活结合，便有了蓬勃的生命力。

目录 CONTENTS

走进语文——课堂之美

追寻安贞之美 …………………………………………… 003
高山流水话知音——伯牙鼓琴 ………………………… 016
景园·文园·心园 ……………………………………… 032
春江花月夜 ……………………………………………… 045
一阕《声声慢》，易安点点愁 ………………………… 053
神奇的"远方" ………………………………………… 064
读《开国大典》，绘十一国庆 ………………………… 069

走进语文——设计之美

嘉木山水诗意满，小园轩榭寄幽情（一）…………… 077
嘉木山水诗意满，小园轩榭寄幽情（二）…………… 092
诗意筑文心　土木皆有情 ……………………………… 096
轩榭寄幽情——园林之美 ……………………………… 102
大自然的语言——事理说明文读写结合单元设计 …… 114
背街小巷"靓"起来 …………………………………… 133
永远的"雪飞天" ……………………………………… 135

水立方的"大泡泡"与神奇的"膜" …………… 138
天坛回音壁 ………………………………………… 141
"鸡腿"与"S"对岸的不解之缘 ……………… 144
冰雪盛会为何没有光临冰雪之乡 ……………… 147
"跨越时空的遇见"古诗文拾美 ……………… 149
湖心亭看雪 ………………………………………… 158
人生自是有情痴 …………………………………… 163
我的伯父鲁迅先生 ………………………………… 166
一起去探险 ………………………………………… 171
古今传承《诫子书》 ……………………………… 193
此物最关情——以物写人、寄情于物 ………… 201
鸿雁传书　见字如面 …………………………… 210

走进语文——思考之美

语文课堂培养学生思考力的教学策略 ………… 217
一棵小桃树，细品滋味长 ………………………… 223
文以载道　以文化人 …………………………… 230
在真实情境中实现学科文化育人策略举措 …… 243
知行合一，实践育人 ……………………………… 248
一曲《登高》抒胸臆　老杜悲情传千古 ……… 253
云在青天诗在心 …………………………………… 258
《杜甫传》里看杜甫 ……………………………… 261
生活给我的教学启示——婆婆教会我 ………… 263
生活给我的教学启示之二——菜市场 ………… 265
岁月如歌，感谢有你 ……………………………… 267

后　记 ……………………………………………… 272

走进语文
——课堂之美

　　课堂应该是学生的课堂，学生的精彩才是老师的精彩，学生思维提升了，认识升华了，思想深刻了，能投入地读书，愉悦地写作，自如地交流，大胆地质疑，勇敢地表达，课堂上有师生发自内心的微笑，有豁然开朗的喜悦，贴着生活上课，让学生成为有才情会思考的人，成为热爱生活，常怀赤子之心的人。

▶ 走进语文——课堂之美

追寻安贞之美

(语文单元拓展课)

学习目标

1. 课内学方法，课外用方法，把重点内容写细致。
2. 追寻身边的美，厚植热爱家乡热爱祖国的情怀。

导　语

同学们好！我是中国教育科学研究院朝阳实验学校的崔老师，很高兴和大家同上一堂课，今天我们要上的是一节单元拓展课。

热爱家乡、热爱祖国是每一个人心灵深处的纯粹情感！诗人艾青就曾饱含深情地说："为什么我的眼里常含泪水？因为我对这土地爱得深沉……"对于我们来说，如果也有这样一方土地让我们爱得深沉，那就是安贞，北京的安贞，我们生活的安贞。这是一个美丽的地方，让我们一起去追寻她的美吧！

我们年级将举办"追寻安贞之美"征文交流会，推选出的优秀作品将在学校公众号进行展播，请同学们利用假期，去看看身边的安贞，去发现她的美，以图文并茂的形式，呈现她的美丽。

请同学们完成以下任务：

◎ **任务一　追寻安贞之美**

1. 拿起相机，记录下你所发现的安贞之美。
（照片要包含全景和特写，要找到拨动你心弦的点）
2. 向同学介绍你发现的美。

3. 描写出你发现的安贞之美。

同学们一定发现了很多安贞之美,让我们来交流一下:

学生:我发现了社区公园里的美,这里有绿树、竹林、小亭,还有爷爷奶奶、小朋友、跳舞的阿姨……

学生:这位同学的发现让我感受到平安健康之美,我喜欢这样的环境。

师:这位同学注意到社区公园的风景美和人情美。

学生:我发现了元大都公园里海棠花溪的美,这里的春夏秋冬,都有不同景色,春天是最美丽的。

学生:我也发现了海棠花溪的美,我从小和姥姥一起住在安贞西里社区。姥姥说海棠花溪是我们的后花园,那是我们最喜欢的地方。

师:这两位同学,将目光投向我们安贞非常有代表性的景点——海棠花溪,从你们的介绍里,我感觉到了扑面而来的美丽。

学生:我发现了社区的涂鸦墙,原来这里是一个脏乱差的角落,现在,人们画上了优美的图画,这里成了别致的社区风景。

学生:我还发现了安贞书屋和孔子的雕像!

师:原来,我们的安贞,不仅有花香还有书香!

学生:我发现了校园里的美,我的学校坐落在安贞社区,校园里有高大的柿子树、大丛的月季花、青青的翠竹,还有宽大的操场。

学生:我们的校园,像美丽温馨的花园。

师:大家很善于发现身边的美。在同学们的介绍中,我看到了一个美丽多姿的安贞。这里,既有优美宜人的自然风光,又有和谐宜居的生活环境,更有浓郁厚重的文化气息,生活在这里是多么幸福！

◎ **任务二　描绘安贞之美**

初步寻美之后，如果让你描写出安贞的美，你会存在怎样的困难呢？

学生：安贞很大很美，我不知道写哪一个点最能表现她的美。(选点)

学生：我想更好地写出安贞的美，可是不知道怎样写。(表达)

学生：我不知道怎样才能更充分地表达我的情感。(抒情)

师：这么多的问题困扰着你，一定很想找到解决的办法，我们在第一单元学习到很多有用的写作方法，我们一起来回顾总结一下：

学生：《草原》选取了有代表性的天空、小丘、羊群、翠色、骏马和大牛来写出草原的美。我知道了在写作时要选取有代表性的典型景物。

学生：课文用了多种修辞，比如把羊群在草地上移动比喻成"给无边的绿毯绣上了白色的大花"。写骏马和大牛回味草原的无限乐趣用了拟人。

学生：作者还在写景时融入了自己的感受。"这种境界，既使人惊叹，又叫人舒服，既愿久立四望，又想坐下低吟一首奇丽的小诗。"

学生：《丁香结》用优美的语言，调动起多感官，细腻描写了丁香花的样子、色彩、香味。描写时还使用了生动准确的词语。

师：在精彩的文章中，我们学到了运用修辞、多角度、多感官等描写方法把重点内容写细致。这些文章还有共同的特点，运用想象和联想，从眼前的景物想开去。我们也可以发挥想象和联想，从眼前的景物想开去，写出更丰富的内容。

请同学们用思维导图来对描写的方法进行总结。

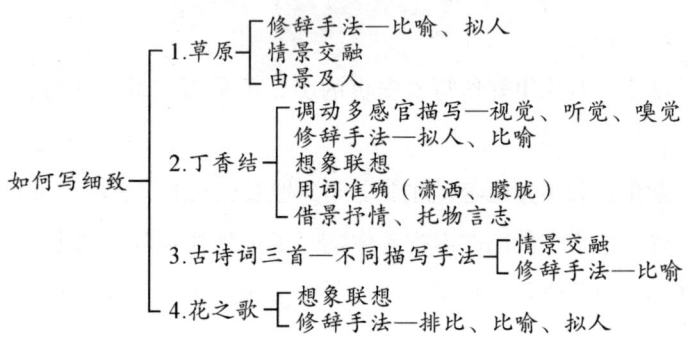

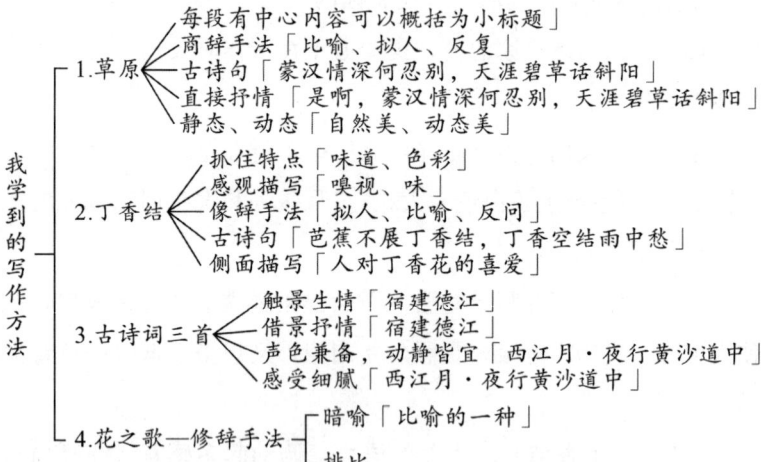

大家梳理出的方法很多，我们来分一下类，看哪些方法使用得比较多。

我们看到使用修辞、调动起多感官、想象联想是使用比较多的方法，此外大家还关注到词语的运用和抒情的方式，根据同学们的梳理，老师对如何写出安贞之美做了进一步的总结。

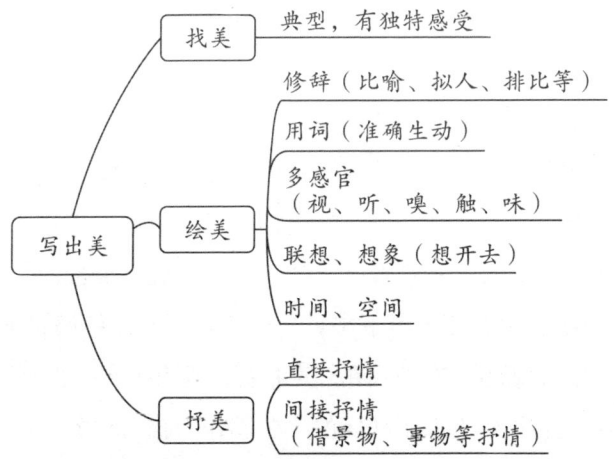

这个图呈现出的是我们的整体写作思路，要写出身边的美就要寻找美、描绘美、抒发美。

首先要找到典型的、对我们来说有独特感受的美。

在描绘美的时候，可以综合运用我们学过的方法，如使用比喻、拟人、排比等修辞，选择准确生动的用词，调动起多感官，从视觉、听觉、嗅觉、触觉、味觉去写；还可以发挥想象和联想，由眼前的事物想开去。在抒情的时候，可以直接抒情，也可以借助景、物等来间接抒情。

有这么多好的方法，现在，你是不是跃跃欲试了呢？下面就让我们从三组图片中任选一组，用在课内学到的方法，细致描写出自己发现的美吧。我们来看第一位同学的作品展示。

学生作品展示

学生：清晨的第一缕阳光进入我的屋子，我迷迷糊糊睁开眼，今天是周末，我背着我的小挎包向社区小公园走去。阳光照射下的公园，十分美丽。柳枝随风摇摆，花朵格外娇媚，绿油油的小草在柔和的晨光的爱抚下苏醒了，一阵微风掠过，一颗颗晶莹透亮的露珠顺着叶子滑下来。公园里，有爷爷奶奶在下围棋，有的人在静静观看，有的人在轻声指挥。还有人在一边晨练。

师：这位同学选取了社区的小公园作为描写对象，请大家谈谈自己的看法。

学生：这位同学选取了阳光、柳枝、花朵、小草、露珠等景物，还有公园里的爷爷奶奶和其他锻炼的人，我感觉很有代表性。

师：你发现了他的优点，结合前面梳理的方法，同学们觉得还有什么问题吗？

学生：我认为开头部分太啰唆了，应该尽快写到小公园。

学生：我感觉景物描写不够细致，应该用一些恰当的修辞。

学生：我认为可以直接抒发出对美的感受。

师：结合思维导图中梳理的方法，以上同学提出了非常好的修改建议，我们来看这位同学修改后的文段：

学生：清晨的第一缕阳光蹦蹦跳跳进入我的屋子，拉我来到社区的小公园。那缕缕温暖人心的阳光，一点儿一点儿地射入了树叶之间的缝隙，柳枝随风翩翩舞蹈，花朵娇羞地微笑，绿油油的小草在柔和的晨光的爱抚下苏醒了，在晨风里伸着懒腰。一阵微风掠过，一颗颗晶莹透亮的露珠顺着叶子滑下来，欢快地跳跃着。公园里，很多爷爷奶奶在下围棋，一旁有的人在静静观看，有的人在轻声指挥。还有人在一边晨练，挥洒汗水的样子，也是一种别样的美。嬉戏玩耍的小朋友的欢笑声，鸟儿的鸣叫声，树上的知了声，汇成一首欢乐悦耳的清晨奏鸣曲。

师：同学们觉得哪些地方修改得更精彩了呢？

学生：修改后开头几句采取了拟人的写法，写阳光拉我到小公园，接着描写阳光照射到树叶上，更加生动简洁。

学生：我补充，接下来这位同学写柳枝、花朵、小草和露珠，修改后采用拟人的写法，把花朵"格外娇媚"改成"娇羞地微笑"，小草"在晨风里伸着懒腰"，感觉很有趣。

师：花朵娇羞地微笑，很传神地写出花儿初开的含蓄美。

学生：我也来补充，写晨练的人时，加入了自己的感受"挥洒汗水的样子，也是一种别样的美"，直接抒发了自己对美的感悟。

学生：我还发现，原文最后从听觉角度增加对清晨的声音的描写，调动了多感官，画面很生动。我非常喜欢修改后的文段，因为这段话描写出了小公园的生机和美丽。

师：大家参照思维导图梳理的方法，提出了自己的思考，修改之后的文段，细致生动地描写出社区小公园的美。让我们再来欣赏两位同学的作品吧。

学生：我选择的描写对象是海棠花溪，因为这里是我最喜欢的地方。我运用了排比、比喻、拟人等修辞，同时运用了视觉、嗅觉、听觉等多感官描写。请大家和我一起欣赏海棠花溪的美景：

走进公园，映入眼帘的是一大片一大片的海棠花，粉色的花淡雅，红色的花艳丽，白色的花高洁，盛开的花朵好像丝带迎风飘舞。温暖的风儿轻轻一吹，花瓣儿纷纷飘落，落入水中，河水便起了涟漪，仿佛下了一场蒙蒙的海棠雨，花下蝴蝶、蜜蜂翩翩起舞，游人如织，人在花中，花在水中，编织成一道美丽的风景。

细雨之后，花朵毫不掩饰将最美的姿容展现在人们面前，花瓣上垂着几颗小玻璃珠，在太阳的照射下显得空灵又澄澈，花香与人们的欢声笑语一起在空气里酝酿，芬芳了我的心。

师：谁来谈谈自己欣赏了这段文字后的感受？

▶ 走进语文——课堂之美

　　学生：老师，我觉得这位同学写得很生动，但是他把盛开的花朵比喻成丝带，我觉得不是很恰当，我想这样写：盛开的花朵好像一把把小伞迎风飘舞。这样风儿一吹，才更像海棠雨。

　　师：你修改之后，我们看到的海棠花溪更加美丽了。可见运用修辞的时候，我们要进行筛选，找到最合适的那一个。

　　学生：我选择了我们的校园作为描写对象。这里是我成长的乐园，我把对校园的感情融入一草一木里，用学到的方法描写出她的美。

　　操场的四周是一些白杨，它们像站岗的士兵守卫着校园。那淡紫色的花丛，摆成了一个心形，与那绿油油的草地一起，组成一幅鲜艳美丽的水彩画。蜜蜂时不时地游走在花丛之中，像找到了自己的家。右边墙角，顽强地长着一株玫瑰花，大红色的花瓣让人好不喜欢。随风摇曳的高山榕叶子，发出阵阵沙沙声，树下是成片的鸢尾，那又尖又长的绿叶在风中摇曳，抚去内心的浮躁与紧张。小池塘里快乐的睡莲，展开花瓣微笑着，身边的浮萍，更衬托出她美丽的容颜。池塘旁边有几株修长的竹子，松伴竹旁，风雨之后，那些绿色的生命是那样神采奕奕。抬起头，湛蓝的天空与洁白的云彩和谐又美丽，一些不知名的鸟儿在空中盘旋，它们一定也爱上了我们校园里这个无比美丽的小世界！

师：同学们来评价一下这位同学的描写。

学生：我发现他特别注意使用方位词语，描写有清晰的顺序，我也仿佛跟着他在游览美丽的校园。

学生：我感觉他时刻把景物描写和自己的心情结合起来，做到了融情于景。

师：同学们的评价非常细致。老师也非常热爱咱们的校园，选取了一个特别的角落，写了一首小诗，跟大家分享：

- 风吟紫丁
- 嗨，你听——
- 风指过松枝
- 穿过黄栌
- 在紫丁香的梦里
- 吟一阙平平仄仄的小令

师：请同学们总结一下寻找安贞之美带给你的思考和收获。

学生：在这个过程中，我发现，原来我生活的安贞这样美丽，我更加热爱我的校园、我的家园，也更加热爱美丽的北京，美丽的祖国。

学生：我发现，在课堂上学到的阅读写作的方法，会帮助我更好地观察描绘我的生活，我更加热爱语文课了。

学生：我想，生活中有很多美等待我们发现，我理解了单元导语中的那句话：背起行装出发吧，去触摸江河湖海的心跳！

教师总结

在同学们的生花妙笔之下,我看到了一幅幅美丽的图画,也更加热爱我们美丽的家园。

同学们,语文一旦和生活结合,便有了蓬勃的生命力。当你运用课文中学到的一个个方法,去描绘你眼中的生活,你就真正提高了观察阅读写作的能力,相信你会在汉语的锦绣山川里,发现更多别样的美丽!

师:最后,请同学们参照这两条标准,来评价自己这次追寻安贞之美的学习之旅。你是否收获满满,幸福满满呢?

1. 课内学方法,课外用方法,把重点内容写细致。
2. 追寻身边的美,厚植热爱家乡、热爱祖国的情怀。

专家点评

崔老师开发并执教的《追寻安贞之美》课例是一节语文单元拓展课,这个课例立足课内扎根生活,充分利用学生身边的资源,抓住语言这个核心要素培养学生的听说读写能力,在发展语言能力的同时,发展思维能力,提升审美能力;发挥语言学科的优势,在潜移默化中实现立德树人的任务目标,从而实现课程整合,落实立德树人总目标。

"追寻安贞之美"这个任务,突出了学生在活动过程中的主动性。我们学校所在的安贞社区是孩子们从小学习、生活的地方,是一个非常温馨美丽的家园。这节课围绕单元学习重点选择真实情境,设置了有梯度的任务,让孩子们利用假期去寻找美,发现美,记录美,然后用课本中学到的方法表达美,最后在学校和社区展示美。学生在做中学,在完成任务的过程中提高能力,培养品质。他们找到了社区里的风景美、人情美，找到了海棠花溪的美，找到了社区涂鸦墙的美，找到了安贞书屋的美、孔子雕像的美、剪纸艺术的美等等，当然，更找到了我们校园里的美。身边可触可感的美润泽着孩子的心灵，孩子们在寻找中探索、发现、思考。当然寻找不是最终目的，接下来让学生用自己的语言描写美，抵达美，一篇篇图文并茂的作品，成为沟通心灵的桥梁。这个寻找、思考与写作的过程中，孩子们增长了思考力，提升了表达力和审美力，同时，更加热爱自己的家园和祖国；学校与社区也有了更好的互动，实现了阅读、写作与生活的结合，达成了课堂、课程、社会全方位育人的目标。叶圣陶先生讲语文的外延即生活，语文学习和学生的实际生活息息相关，学语文最好的途径，莫过于贴着生活学。抓住语言这个核心要素培养学生的听说读写能力，在发展语言能力的同时，发展思维能力，提升审美能力；要发挥语言学科的优势，实现课程整合，落实立德树人总目标。

在这个过程中，学生是故事的主角，教师既是导演，同时也是学生学习的指导者与陪伴者，指导学生扎实落实读与写，进行细致的方法指导，对作品进行反复修改。这是整堂课的关键，李老师反复指导要把课做厚实，关键处不能一带而过，要抓住学生问题，运用课内方法反复修改，在文字中走几个来回，才能达成素养的提升。整体感觉还有改进的空间。同时，在评价上也应该再多样化一些。令人倍感欣慰的是，在这节课结束时，学生表示发现自己生活的安贞如此美丽，从而更加热爱校园和家园，也更加热爱美丽的北京，美丽的祖国；还发现在课堂上学到的阅读写作的方法，会帮助自己更好地观察描绘生活；学会了运用修辞、生动的用词、调动起多感官、运用联想、想象等方法描绘身边的美，觉得课内学到的方法非常实用，更加热爱语文课，感觉到学习是很有意思的事。可见学生的收获是真实而充足的。

经过这次讲课锻炼，教师将以更高的标准深刻反思自己的教育教学理念和课堂教学设计，思考如何整合内容，进一步提升课堂教学中的育人质量。

中国教科院朝阳实验学校　刘明成

注：该文收入《课堂如何育人——高品质课堂的三十个案例》李铁安编著

高山流水话知音——伯牙鼓琴

学习目标

1. 能正确、流利地朗读课文，读出古文韵味。尝试背诵。

2. 能借助注释掌握课文大意，借助不同方法理解伯牙、子期的"知音"深情。

3. 能对伯牙破琴绝弦的做法提出自己的见解，初步感知中国知音文化的魅力

◎ **任务一　初读近知音**

师：同学们好！

生（鞠躬）：老师好！

师：请坐！今天我们学习一篇和前面学的课文很不一样的文章，这就是——《伯牙鼓琴》，我们根据预习单看一下同学们的初读感受。

生：我一共读了5遍，开始是默读两遍，然后大声朗读了三遍，读完之后我发现它的题目是《文言文两则》，其中一则是《伯牙鼓琴》，所以我知道这个是文言文，然后我看到注释里面写选自《吕氏春秋·本味》。我的初读感受是我想到一句话"千金易得，知己难求"，还有一句"此生难得几知己，有一个足矣"，伯牙鼓琴，钟子期爱听，他们两个是知音。后来伯牙破琴绝弦，只是因为钟子期死了，他觉得就没有人能做他的知音了，没有人能欣赏他的琴好在哪里了。所以就不再弹了。"

师：书读百遍，其义自见。这位同学理解得特别深刻，非常

好。还有谁来说一下自己的初读感受？你在读一篇小文言文的时候，你最真实的感受。

生：我读了三遍课文，发现这是一篇文言文。因为之前老师让我们背过文言文，然后我观察一下这些文章，我知道这是两篇文言文。然后我就联想起我小的时候听过这个故事，就是把文言文转化成白话文了，所以我就发现这篇课文很熟悉。

师：那么你在读文言文的时候觉得好读吗？

生：我觉得这篇文言文还比较好读。

师：想起了自己小时候听过的故事。谁再来说一下。

生：我也是读了三遍课文，发现这是篇文言文，我从文章中感受到，因为钟子期死了之后，伯牙直接把琴给摔了，所以说我感受到伯牙和钟子期的感情很深厚。

师：在读完文章之后能够感受到伯牙和子期之间的感情特别深厚。看来同学们读得都非常的好，下面我们就来检验一下，请一位同学来读一下这篇课文。（学生纷纷举手）

师：老师叫个不举手的同学。你来读一下。

生读。

师：好，谁来点评一下她读得怎样，哪里需要订正。

生1：应该是"善哉""哉"一声音她读成了四声。

师：善哉

生2：我觉得整体还是挺好的，因为她没有磕磕绊绊的，读得还算比较流畅。

生3：我发现她最后还是有一个错音，在最后一句话，"以为世无足复为鼓琴者"，她把"为"读错了。

师：好，这一句里面有两个"为"，前面是"以为"，意思就是"认为","以为世无足复为鼓琴者",那么后面这个"为"的意思是什么呢?"为"就是"给","认为这世上再也没有人值得他为之鼓琴了"。要理解这句话的意思。

师:我听到有个别地方的停顿还不是特别准确。读文言文要读好停顿,也就是句读。

生4:我想去读一遍,跟刚才同学读的句读做一个比较。

(生读,抑扬顿挫。)

师:大家听她读的断句,读得准确吗?

生:我听她读"巍巍乎若/泰山",她不应该把"乎若"这两个字连起来,该有个停顿。

师:在"乎"的前面还是"乎"的后面?(生小声读,在"乎"的后面)要注意一下,"巍巍乎若泰山","乎"是个语气词,要在语气词的后边断,"汤汤乎/若流水",另外咱们断句的时候,不要直接把它全读断了。

要有一个意思上的相连,比如说"伯牙鼓琴,钟子期听之",有断的意思,但是还要有语义的相连,拖一点长音,这样才有古文的韵味。所以说断句对大家来说还确实是有一点难度。大家自己试着读一遍。

注意读出古文的韵味。(学生很投入地自由诵读)

伯牙鼓琴

伯牙/鼓琴,钟子期/听之。方/鼓琴/而/志在太山,钟子期曰:"善哉乎/鼓琴,巍巍乎/若/太山。"少选之间/而/志在流水,钟子期又曰:"善哉乎/鼓琴,汤汤乎/若/流水。"钟子期/死,伯牙/破琴绝弦,终身/不复鼓琴,以为/世/无足/复为鼓琴者。

师:大家在提不理解的句子的时候,一些同学是提到了最后一句，我们来理解一下最后这句的意思。

"钟子期死，伯牙破琴绝弦，终身不复鼓琴，以为世无足复为鼓琴者。"

"钟子期死后，伯牙把琴摔碎，把弦割断，终生不再弹琴，认为世界上再也没有值得他为之弹琴的人了。"

◎ 任务二　再读品知音

师：我们读通了课文，在初读中走近了知音。大家觉得刚才读的过程中还缺点什么？

生：感情

师：都能认识到缺点感情，怎么才能做到有感情？

生：应该要理解。

师：对，要在理解中走进文中人物的思想和心灵，走进他的内心世界。

师：在理解文意的时候，我发现同学们提的问题都特别的好，请同学展示一下读了这篇文章之后最主要的问题。善于提出问题的同学是最善于思考的。

生1：我有一个问题，为什么伯牙认为世上再无值得他为之弹琴的人了，就是世界上不是还有好多琴技很好的人，今天人们也会理解他这种感情的，为什么钟子期死后，伯牙就把琴摔碎把弦割断，不再弹琴了。

生2：世上的懂音乐的人千千万，怎么就再也找不到一个了。

大家问题非常集中，老师梳理了一下形成了这样的一个问题，大家看可不可以代表大家的问题。

"爱琴如命的伯牙却为何摔了心爱的琴，终身不复鼓琴？"

（生点头同意）

师：我们要理解这个问题，还要去看钟子期是个什么样的人，像我们刚才同学说的，怎么就再也找不到一个钟子期了。

我们就沿着他们相遇的那一条路，去看一看。文中一共出现了几处鼓琴？（提示学生标画出来。）

你一共找到了多少处？

生1：六处。

生2：加上标题七处。

师：这个题目其实就是文章的第一句话，因为节选自《吕氏春秋·本味》，本来没有题目，就用第1句来作它的一个标题，我们可以沿着这个过程去走进他们的一个心路历程，所以我们标题里面也算上，一共7处，我们看这里边有怎样的情感变化。

为了体会这个情感变化，老师设计了一个小活动：

山水相依，琴音雅韵，我是伯牙（我是子期），我想说：

在每一个阶段他们会想说些什么？

老师给大家把课文读一遍，在老师读的过程中想象，假如你就是伯牙，你就是子期，在那个时刻你会想些什么？

师读课文。

现在我们就走近伯牙和子期的心路历程。在他们相遇之前，伯牙在山水之间鼓琴，他会想些什么呢？在他们相遇的时候，子期被伯牙优美的琴声吸引，他又会想些什么呢？当子期夸赞伯牙的时候，他会想些什么呢？当他再一次夸赞他的时候，他又想些什么呢？他们在想些什么呢？好，思考一下，组织一下你的语言。

师：在他们相遇之前，伯牙自己在那鼓琴的时候，他会想些什么？

生1：山水相依、琴音雅韵，我是伯牙，我想说：我是伯牙。怎么没人来听我弹琴，我真的感觉太孤单了。

生2：我是伯牙，我想说我一个人在这弹琴，太孤单了，谁能过来陪我一下？

生3：我是伯牙，我感觉很孤单，为什么没有人来听我弹琴呢？

还是感觉孤单，是不是？你跟他们不一样，你说。

生4：我是伯牙，我想说：天下之大，很多人都觉得我弹得好，懂音律的人有千千万，可是又有谁能懂我的琴中之意呢？又有谁能了解我的感情呢？

师：你读得太深刻了，表达也特别准确。

大家都体会到了伯牙在这个时候内心的孤单，特别是我们最后一位同学说的，懂音律的人千千万，这里面又有哪一个人是真懂我的呢？

"伯牙鼓琴。钟子期听之。"

钟子期是一个樵夫，背着一捆柴，在后边默默地听，伯牙一抬头看到有一个砍柴的人在那里听他弹琴……迅速调动起自己的思维，想象假如你就是伯牙，你就是子期……

生1：我是子期，我听到了有一个人在弹琴，然后我就想到了一幅景象，觉得这个琴声非常美妙。我想：这个人弹的琴声会不会和我想的一样呢？

师：听到他的琴声的时候，觉得他琴声里有一种东西仿佛和自己心意相通。伯牙这个时候会想什么呢？

生：我认为伯牙会想：哎！又来一个不懂音乐的！

师：又来一个不懂音乐的，只不过是那千千万万里边的一个。

"伯牙鼓琴。钟子期听之,方鼓琴,而志在泰山。钟子期曰,善哉乎鼓琴,巍巍乎若泰山。"

想想在这个时候,钟子期想什么?伯牙想什么?

生:我是子期,我想说,伯牙鼓琴这么好,为什么没有人来听?现在我来听他鼓琴了,他一定不再觉得孤单了,他鼓琴鼓得这么好,我来听,他一定不感觉孤单了。

师:子期,你已经知道伯牙他感觉到孤单了,从哪知道的?

生:子期来了之后,他就弹得有兴致了,觉得他的琴音有变化了。

生:我是伯牙。我会说我很开心,我遇到的这个人能听懂我的心声。

师:听懂了什么?到底是怎么才算是真正的懂?

生:我是伯牙,我想说:终于有一个知音可以听懂我琴声里的琴志了。比如说我鼓琴志在泰山,琴声比较高昂,然后钟子期就可以说出我志在泰山,我俩就可以想到一块儿。

什么叫琴志?志在泰山,听出高亢像高山一样,就算听懂了吗?

这里老师给大家一点助读材料,大家了解一下古人眼中的山水:

智者乐水,仁者乐山——《论语》

注:"乐"读音 yào,意为喜欢。

孔子登泰山而小天下——孟子

会当凌绝顶,一览众山小。——杜甫《望岳》

师:古人的眼中,古人的心中,高山意味着什么?他想到

高山

　　高山在古代还有着另一种意思，就是说一种高大、严肃，而且挺立的一种感情。

　　生1：我认为应该是一种境界。

　　生2：还是一种精神。

　　生3：还是一种天下。

　　生4：还是一种寄托。

　　生5：还是一种闲云野鹤的活法。

　　师：高山是一种情怀，一种精神，一种境界，也许里边还有一份追求，一份寄托。不管怎么说，子期懂了。此时，伯牙在想些什么呢？

　　生：我是伯牙，我会想：在这千千万万中，终于有一个人能听懂我的心声了，太难得了！

　　师：接下来他的心志在流水的时候，子期又说了"善哉乎鼓琴，汤汤乎若流水！"大家一起读。伯牙想什么？

　　生：我是伯牙，我想说：这千千万人中有一个懂我的了，我现在心里感觉既幸福，既满足，又开心，又感动！（陶醉的表情，仿佛真的是伯牙）

　　师：幸福又满足，又开心又感动，真的是这样！我们看一下伯牙的心声。

　　在《列子·汤问》中就这样记载，

　　曲每奏，钟子期辄穷其趣。伯牙乃舍琴而叹曰："善哉，善哉，子之听夫！志想象犹吾心也，吾于何逃声哉？"《列子·汤问》

　　译文：每次弹奏乐曲的时候，钟子期总是能彻底理解他的志趣。伯牙于是放下琴感叹说:"好啊,好啊,你的听力!你所想象出的志向就像我心里所想的啊,我该把我的心声藏到哪里呢?"

师:我该把我的心声藏在哪里?我藏在圆圆的月亮上,

生1我藏在青青的杨柳上。

生2藏在弯弯的小河里。

生3我藏在斜斜的雨丝里。

生4我藏在皑皑的白雪里。

生5我藏在悠扬的音律里。

藏在哪里,都在子期的心弦里,这就是知音一遇,百世难寻。

谁能够带着这样的情感把我们此前这一部分来读一读?

◎ **任务三 辩中悟知音**

师:我们体会到了他们二人心意相通的那种开心了,他们结为知音,相约一年之后,再到江边,伯牙鼓琴,子期听之,但是子期却不幸病逝了,当伯牙来到江边寻找子期的时候,却怎么也找不到他,遇到一个老者询问一番,得知子期已经病逝,伯牙悲痛欲绝。在子期临终之前,请他的家人把他葬在江边,在这里等待着伯牙。伯牙来到子期的墓前弹奏了一曲高山流水,然后就把琴给摔了,把弦割断了。发誓终身不复鼓琴,以为世无足复为鼓琴者。

对伯牙的做法你是否认同?

请几位不认同的同学到前面。我们来一个小辩论,认同的与不认同的,你们来辩论一下。老师设计了一个辩论小量规,请大家根据要求展开思考和辩论:

《伯牙鼓琴》小辩论评价量规

	A 优秀	B 优秀	C 一般	D 得努力
内容	紧紧围绕主题"对伯牙破琴绝弦。终身不复鼓琴的做法是否认同"展开，重点突出条理清晰	能围绕主题"对伯牙破琴绝弦。终身不复鼓琴的做法是否认同"展开，条理基本清晰	能围绕主基把自己的想法说清楚。	不能围绕主题。说不清自己的想法。
思维	有独到见解，能多角度思考问题。能打开思维，拓陈联系，给人以启发。能抓住对方的发言洞于以有力反驳	有自己的见解，比较全面地看问题，能做到有一点拓展联系。能住住对方发盲洞洞进行反驳	有自己的见解能反驳对方	没有个人的见解不能听懂对方观点
表达	观点明确，逻辑严密。表达流畅，声音洪亮，有感染力，大方得体	表达比较流畅，语言准确，声音洪亮，发言不紧张。	能基本表达清楚个人观点，语言基本准确	表达不清，声音小，紧张慌乱
组长评价	发言人				
	等级				

我们先请认同的同学发言：

认同生1：我在一本书上看到过，能遇到一个知音是非常不容易的！而懂音律的人千千万，只有一个钟子期可以听懂伯牙的心声,我觉得他把琴摔坏,这种做法是我是认同的。

不认同生1:我其实比较不认同,是因为我认为钟子期能够听懂他的音律,这是三生有幸。也许是他们两个命中注定能够听懂,这个世界懂音律的人千千万,只是伯牙觉得没有人再能够理解他的思想或者是:他的情趣了,但是不一定真的有人能碰到一点,如果有一天他再遇到一个真正理解他的人,跟钟子期一样,他们俩就是知音,他应该怎么办?是应该再做一架更好的琴,还是说坚守他的诺言?

认同生2:我是认同的。如果他再遇到一个知音的话,他肯定也不会再去弹琴的。因为最好的基本上总是那么一个,再遇到一个的话,可能没有第一个那么真实,因为第一个遇到总是印象最好的。所以我觉得第一次他遇到那个人,所以我觉得就是说,他就好不容易发现终于有人能听懂了,就发现他怎么死了呢,发现是好像感觉特别伤心的人,再也遇不到了。

师:悲痛欲绝(生点头)

不认同生2:我不认同。因为我能体会到伯牙对知音很珍惜,一旦再遇到一个真正的知音,他不会轻易放弃,我觉得他不会因为钟子期的事情,然后对知音心有隔阂,因为他首先明白知音的少,如果遇到他肯定会很欣喜的。

认同生3:我认为他后面可能就不会再遇到知音了,因为钟子期死了,他已经发誓不再鼓琴了,那就根本没有人能再听到他弹琴了,所以应该不会再遇到知音了,所以我是认同他这个做法的。

不认同生3:根本就不会再遇到了:吗?我认为他有可能还会遇到,因为他在钟子期的墓前弹奏了《高山流水》,乐曲流传有可能也会遇到。

认同生4：其实我认为伯牙把琴摔断，不只是因为心情，还有一点就是想报答钟子期，纪念钟子期。他报答是因为之前没有人能听懂他弹琴，而钟子期特别懂他；然后还有纪念，钟子期是一个特别好的朋友，特别好的知音，他去世了，伯牙摔琴是对他的纪念。

师：我们同学的思维已经不仅仅是局限在悲痛，而是想到了另一个角度，里边还有对这种知音的回报，古人讲"士为知己者死"，要舍命报答知遇之恩，同学们领悟到伯牙摔琴与此有相通之处。

不认同生4：刚才这位同学说破琴绝弦是为了纪念，但是我认为纪念确实是有，但是他用不着破琴绝弦。有一句话是这么说的"千里马常有，而伯乐不常有"。这句话说"伯乐不常有"，但不是说"伯乐没有"，以后还会遇到伯乐，你不一定非要破琴绝弦吧！

（热烈的掌声）

师：同学们的辩论非常精彩，这里没有绝对的对与错，但我们在辩论中对伯牙的做法有了深度的思考，这是最宝贵的。大家的辩论可以延续到课下。

在这里我想推荐明代的冯梦龙在《俞伯牙摔琴谢知音》中写的一首诗，这也是作者在努力地走进伯牙、子期的内心世界，去体会破琴绝弦背后的深意。

我们一起来读一读：

忆昔去年春，江边曾会君。

今日重来访，不见知音人。

但见一抔土，惨然伤我心！

伤心伤心复伤心，不忍泪珠纷。

来欢去何苦，江畔起愁云。

子期子期兮，你我千金义，

历尽天涯无足语。

此曲终兮不复弹，三尺瑶琴为君死！

明·冯梦龙《俞伯牙摔琴谢知音》

下面这段话是老师对伯牙破琴绝弦的领悟，跟大家交流：

"三尺瑶琴为君死"，这一摔感天动地，使得一曲高山流水穿过历史的尘埃，直到今天依然光彩熠熠！知音难觅，知音当惜，这正是在中国文化濡染之下的知音文化，这是一种"士"的情怀，是浸在中国人骨子里的情义。

这里边可能有大家不懂的地方，但随着大家读书越来越多，随着你阅历的增长，大家一定会慢慢懂得。

现在我想请同学带着我们刚才悟到的情感再来有感情地朗读课文。

配一下音乐

大家在努力地去体会，用自己的读来传递情感。

我们来总结一下，这节课你收获了什么？

提示：这是一篇小文言文，古诗文是我们的文化宝藏，我们要和我们的祖先对话，要去领会我们中国文化中的瑰宝，以后我们还会学更多的古诗文，你在这节课中学到了怎样的方法呢？

生1：我认为学习文言文应该先大体地读一遍，然后感觉一下在哪里情感发生了变化，理解的时候，需要借助后面的注释。

生2：可以在课余时间多读一些课外书，因为很多文言文，我们先看到的是白话文的故事,我们知道这个故事,也可以更好地去理解文言文。

生3:老师我认为读文言文应该进入主人公的心里,然后去体会。

师:说得好!刚才我们是不是始终在努力地进入到主人公的内心世界?你觉得你感觉到了吗?

生3:(开心地点头)感觉到了。

生4:我觉得不只要走进主人公的内心世界,还要走进不同人物的内心世界,从不同的视角去体会。

师:学完文章静心思考,同学们还收获了什么?

生1:我认为知己很难得到,要好好珍惜,可能用不着像伯牙那样付出那么大的代价,但也需要珍惜知己。

生2:我体会到了要珍惜懂得自己的人,珍惜心意相通的人。

师:是的,知音不是一般的朋友,知音知己是朋友的最高境界。

思考,留到课下,现在我们带着这样的理解,尝试着把课文背一背。

(同学们投入地背诵)

师:我看到同学们在背的时候,不由自主就在摇头晃脑,真的是与文章融为一体了,真好!读古文就应当这样!

◎ 任务四 广读觅知音

最后给大家布置一个作业,这节课,我们初读近知音,再读品知音,辩中悟知音,最后,我们要广读觅知音。

在中国文化的长河里,知音是一脉清泉,润养着尘世里渴求相知的心灵,也由此有了一次次美丽的相遇,让我们从此时出发,到古诗文优美的韵律里,去寻找,去发现吧!

推荐古诗文诵读

《诵读》:147 页　苏轼　《记承天寺夜游》

《诵读》:210 页　李白　《将进酒》

课外:《管鲍之交》　白居易《琵琶行》

下课! 同学们再见!

教后反思

《伯牙鼓琴》

《伯牙鼓琴》是部编版语文教材六年级上册第七单元的第一篇。本单元的语文要素是"借助语言文字展开想象,体会艺术之美",这一点在每篇课文中都有体现,需要孩子展开想象去体会。而《伯牙鼓琴》的特殊性在于是一篇文言文,讲述了千古流传的高山流水遇知音的故事。故事的主人公伯牙与钟子期的真挚情谊令人感动。这是一个典型的中国故事,是让孩子能理解一点中国文化中知音文化的经典篇目。本文行文简洁、流畅,不足百字,而且古今字义差别不大。学生理解起来难度不大。但是这又是学生接触文言文的初始阶段,让学生对文言文有喜爱和亲近之感,让学生掌握一点读文言文的方法又非常重要。

借助预习单调查了学生存在的问题,比较集中地体现在对伯牙破琴绝弦的做法的困惑上。由此,我确定了本课的学习目标和重难点:

学习目标

1. 能正确、流利地朗读课文,读出古文韵味。尝试背诵。

2. 能借助注释掌握课文大意,借助不同方法理解伯牙、子期的"知音"深情。

3. 能对伯牙破琴绝弦的做法提出自己的见解,初步感知中国

知音文化的魅力

学习重点：理解伯牙子期的"知音"深情。

学习难点：能对伯牙破琴绝弦的做法提出自己的见解，初步感知中国知音文化的魅力。

我在整体上设计了初读近知音、再读品知音、广读觅知音三个大的环节。为了突破重难点，我根据学情和单元学习要求设计了一个主问题，然后又把主问题分解为两个有梯度的问题。

主问题：爱琴如命的伯牙却为何摔了心爱的琴，终身不复鼓琴？

问题1：文中一共出现几处"鼓琴"？有着怎样的情感变化？

活动：山水相依，琴音雅韵，我是伯牙（我是子期），我想说：

设计意图：让学生走进文本，联系生活，借助想象，体会伯牙子期由陌生到成为知音的过程。生本对话，师生对话，生生对话，反复诵读，在读中品味这种知音欢聚的融合与快乐。

问题2："伯牙破琴绝弦，终身不复鼓琴"的做法，你是否认同？

在此环节组织一个小辩论，引导学生全面辩证地看问题，树立思辨意识。同时设计一个评价量规，让学生根据量规准备和展开辩论，体现评价先行的原则。最后提升到知音文化，学生会有些不理解，这很正常。最后老师与学生分享自己的读后感悟。

广读觅知音，为学生推荐诵读篇目。以一篇带多篇，带领学生走进中国知音文化的大观园。

整个过程让我认识到只有教师切切实实地走进文本，理解文本，关注到学生在现有生活积淀下对知音文化的理解与接受的实际水平，才能带领学生在文本中自由穿行，自由飞扬。

景园・文园・心园

——《"轩榭寄幽情"园林之美》语文学科实践活动课

崔桂静

师：同学们，11月校园文化节即将到来，现在向同学们征集最美校园微景观宣传作品。请大家漫步校园，描画或拍摄下你最喜爱的校园微景观，阅读与中国园林有关的文章，结合园林文化带给自己的启发，为心目中的最美校园微景观设计图文并茂的宣传页。

寻芳・景园

景园

同学们在校园中漫步寻芳，找到了哪些最美的景观呢？

生：我找的是长廊和紫藤萝，这是我最喜爱的校园一角。

生：我最喜爱的是教学楼旁边有一个小桥，旁边有小水池，有喷泉。

生：我喜欢校园的小径，那里有一棵树像是芭蕉树。

师：有几位同学结合自己的发现，做出了校园微景观的作品，我们来欣赏一下：

生：走进我的校园，你会发现有一块草地，在绿茵茵的草地上有一棵并不高大，却算得上挺拔的柿子树，远看上去就像一幅画，柿子丰收的时候，硕果累累，耐看得很，一个个小柿子像一个个小灯笼，圆得像皮球，无论风吹雨打，还是日晒雪欺，柿子树依旧会那么挺拔，那么茂盛。

生：学校里有一棵柿子树，每至春日当空，嫩芽便纷纷出来探望这新世界；夏日炎炎的日子，绿叶也被热得探出了身子；到了凉爽的秋天，一个个滚圆的小柿子闪亮出场了；在冬天的时候又在等待着下一轮四季。我甚是喜欢这棵柿子树，不光是因为它那光鲜亮丽的外表，更是因为它的吉祥寓意。在此也祝福老师们事业如意，同学们学业如意。

师：这两位同学写的有什么不同呢：

生：第一个直接描写柿子树的特点，运用了一些修饰手法；第二个通过季节的一些变化，更加全面地描绘柿子树。

生：第一个同学，主要是抓住柿子数的一些细节去描述，第二个根据四季的顺序描写，比较有条理。

生：第二篇通过"柿"这个字的谐音，来写出了柿子树的寓意，感觉特别的温暖、温馨。就像那柿子给人的那种感觉一样，事事如意。

师：这位同学通过柿子的这种文化寓意给我们一种祝福，让柿子树成为一个文化的符号。你是怎样想到的呢？

生：我受到阅读材料的启发，想到可以写出景物的文化意义。

师：同样受到阅读材料启发的还有很多同学，请这位同学分享一下。

生：校园里有个可爱的亭子，我给它起的名字叫素清亭，首先比如说我们平常在操场上上体育课之后，非常累，非常燥热，走进这个亭子之后，可以让自己静下来。想一想学习和做人的事情，我想到韦处厚的诗句，想到做人要清白。

探幽·文园

师：看来阅读材料给了同学们很多启发，请同学们说一说。

生：我发现我们可以用一些诗词中的一些字来给这个亭子，或者说给一些景物来命名，而且还会带有一些寓意。

师：当我们漫步寻芳的时候，我们看到校园里非常美丽的风景，可以说我们的校园，它是一座——园。请你用一个字概括。

生：绿、芳、景……

师：都很恰当，我们用一个概括性比较强的词吧：景园

师：借助阅读材料对园林文化的介绍，师：怎样才能让这座文园更具有文化之美？

生：给微景观起一个名字，如"素清亭""远香堂"

生：在校园里放上一些楹联。

生：种上一些有文化气息的花木，如梅兰竹菊。

师：通过题名、楹联、花木等让这座景园有了文化气质。请同学们思考：在文化的浸染下，我们的校园成了一座——园。

生：诗园、文园

筑园·心园

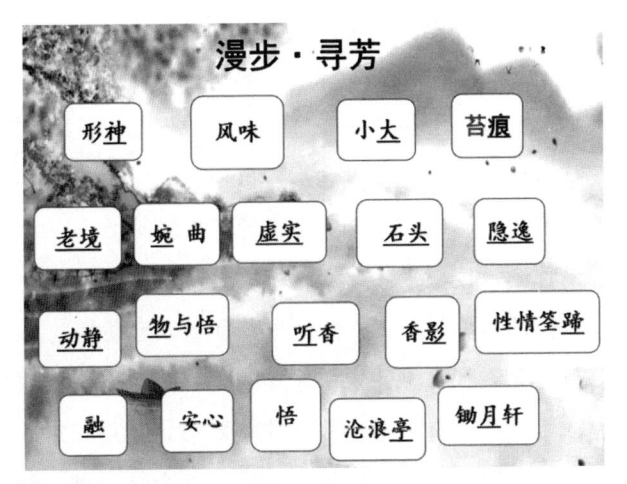

漫步·寻芳

形神　风味　小大　苔痕

老境　婉曲　虚实　石头　隐逸

动静　物与悟　听香　香影　性情筌蹄

融　安心　悟　沧浪亭　锄月轩

师：同学们，现在的校园，已经由一座单纯的景园，变成了一座有文化气息的文园，那我想问大家"这些真的是你心目中最喜爱的校园微景观吗？"

生：深思，摇头。虽然她已经很美，但这和我最喜爱的，好像还有一种距离感。

师：怎么才能没有距离感呢，怎样才能成为自己心目中最美的园呢？让我们一起"凝望·筑园"。

师：请同学们看这些词语，每一个词语背后都有一段丰厚的底蕴，会给我们带来心灵的触动。同学们，你最想了解哪一个词语呢？

生：我想看"虚实"。

虚实

园林中点点都是实景，你不能在园中起一丝云烟，你不能在山前着一片梦幻，但中国很多园林创造恰恰就是为了飘渺的云，为了迷离的雨，为那山前的梦幻，为那萧寺的度气设计的，看看他们为园景的命名就知道他们的用意。如"浮翠阁""远香堂""香影廊""涵碧山房""养云精舍""寄啸山庄""月到风来"等等，景皆实，但起意皆虚，实景虚意，妙出玲现。

虚意构思使园林给人留下更丰富的想象空间。

师：请你读一读。生读

师：这段话给你带来怎样的感悟、联想、启发？

生：首先我看到飘渺的云、迷离的雨，我觉得这种虚带给人的感觉是非常美的，有一种自在，非常飘渺，我是非常欣赏这种虚的，然后还有它的实，所以我觉得它们两个结合到一起，就是非常吸引人的，非常美的。我们看到的景可能是实景，但在这个实景上可以寄托很多。

生：它虽然都是实体，但是它实中有虚，会更有一些寓意，让人能够联想到更多。

生：有些景，它如果你都写实的话，过于生硬；但如果都写虚的话，就会让人感觉摸不着头脑，不知道在写什么。所以我觉得就是虚实结合才能让这个画面变得更美。

师：同学们可以想想刚才我们同学写柿子树的两段，我们第一位同学写得比较实，而第二位同学在里面寄托了虚意——柿柿如意的美好祝愿，就让我们觉得这种虚和实结合起来的时候，有深意，有内涵，有了一种文化的韵味。这棵树仿佛也有了生命。

生：我想看动静。（生读）

动静

中国艺术或在静穆中求飞动，或在飞动中求顿挫，或从常态中超然逸出，纵肆狂舞；或于断处缺处，追求一脉生命的清流。总之，静处就是动处，动处即起静思，动静变化，含道飞舞，以达到最畅然的生命呈现

生：我觉得非常大的启发，就是在这个中国园林中很多动景和静景结合的地方，这个动静结合能呈现出很多生命的美好，就比如这些树、草。

师：在动静结合处呈现出的是一种生命的美。

生：我们在描写景物的时候，采用动静结合的写法可以让文章更吸引人。

师：再想一想，是什么会吸引人？

生：我感觉生命不会只是动的或是静的，一般都是有动有静，静中有动动中有静，就如这个PPT一样。

师：你感觉这个PPT做得很不错，它动中有静静中有动，给你一种生命的流动感，让我们感觉特别有活力，是这样的。那总体来说，我们觉得有生命的东西是好的。好，那我们接着来看。

生：我想看石头。

石头

再好的石头毕竟是石头，它是僵硬的，冰冷的，甚至可以说是死寂的。同样，假山像山，毕竟不是山，纵然模仿得再像。但米芾以至很多中国艺术家，却将石头看通了，看活了，从石头中看出了生命，看到了自己，看到了中国文化的大智慧，石头被看成是和自己心灵密切相关的朋友。

师：石头和中国人特别有缘。请你谈谈受到的启发。

我觉得石头它是一种和中国人有着源远流长的缘分的东西，比如说贾宝玉的石头，包括我们在每个在公园看到一些用石头做的山，它模仿得再像毕竟不是山。但是有人可以把这个石头看通了，看活了，就像这个园林一样，我们可以把这个园林当作一整块石头。在这个石头中看到一些更多的奥秘，这就是值得我们去探索的地方。

师：你觉得这背后有着太多太多的奥秘等着我们去探索。

这个园主人。当他把一块石头搬到自己的园子里来的时候，他有着太多的寄托。

生：就像文章说的，石头虽然是死寂的，但是人的心是活的，因为自己的心里，心灵所想的东西注入到石头里去，就像石头被注入了生命，注入了力量，那个石头也肯定是活了起来的，也是有生命力的一块儿石头。

师：你领悟得真好，当把自己的情感注入进这块石头的时候，这个石头它就活了，这个石头被看成了和自己心灵密切相关的朋友。同学们可以想一想，当你在写那些景物的时候，它是不是被你注入了这种生命的热情？是不是被你注入了一种诗意的情怀？它是不是成了一个和你的心灵密切相关的朋友？或者说你在筑一座心灵之园的时候，是不是拿来了你的朋友？它有了生命，有了你的情感，才是你的朋友！好，我们接着悟，我们就是在边读边悟。

生：我想看"香影"。

香影

香影是无形的，然而无形是为有形勾勒出一种精神气质。没有这无形的追求，园林就成了空洞的陈设。瘦西湖是有精神的，创造者在无形上做文章。香,是创造者所扣住的一个主题。瘦西湖四季清香馥郁,尤其是仲春季节,软风细卷,弱柳婆婆,湖中微光潋荡,岸边数不尽的微花细朵,浅斟慢酌,幽幽的香意,如淡淡的烟雾,氤氲在桥边,水上,细径旁,游人匆匆一过,就连衣服上都染上这异香。

生:香影它真的就是一个无形的东西,这些园子的建造者,他们为了让这个园林更有一些情韵,就将香影加入其中,然后让人更加沉静,

师:沉浸其中,慢慢去品味这种悠悠的香味。

生:我对香影的理解是它不一定非要是就是从我们嗅觉上感觉到的那种香。首先它有一个字面意义上的香,然后还有就是你的心灵里边儿,对它这个描写觉得非常舒适,能感觉到那个香味儿。

师:大家说的时候可以联系生活体验,也可以联系阅读体验,都可以的。在听你说的时候,我就想起了朱自清在《荷塘月色》里边写那个荷香,"像远处高楼上渺茫的歌声似的",这个时候渺茫的,淡淡的,仅仅是那荷香吗,更是什么?作者的心情,他那个时候的心情有着淡淡的忧伤,也有着淡淡的喜悦,所以他才品味到了这种淡淡的荷香。

生:我想了解婉曲。

婉曲

在中国园林中,假山不是山,却有山的巍峨;溪涧不是海,却有大海的渊深。回廊是狭窄的,它却可以引领人走向宇宙纵深;小桥曲折,却将人度向另外一个世界。至于云墙偎依着篱落,曲曲地在丛树中逶迤,真把人的心率向更远。正像旧时戏者

说：三五步，行遍天下；六七人，雄会万师。

我感觉在写景的时候，它可能添加一丝韵味，就跟它最后一句，造人和演戏形虽不同，理则贯通，就是说这个写这个景的时候，就是跟这个唱词曲一样，就是要委婉，然后就是要写出那种景色之美。

生：我认为婉曲最重要的一点，是能把人的心牵向更远。比如说它这个假山和溪涧，它虽然都不是大山，也不是大海，它虽然只是一个非常微小的景物，但是，如果我们如果能描写出它像有山的巍峨，像有海的渊深，就会给我们一种非常震撼的体验。

师：同学们，我们要从一块石头写出山的巍峨，从一脉小溪写出水的壮阔，首先是什么？我们要有情感、情怀，我们寄意于这个微小的景物的是自己遥远的情怀。所以古人在小园里寄托的是志向是一种情怀，是遥远的追求，是品性的追求。一滴水里见世界，一粒沙里有乾坤？那我们来看看这个小和大，读一读，

小大

  一花一世界
  一草一天国
  一勺水亦有曲处
  一片石亦有深处
  中国文化有见微知著的智慧
  中国艺术有以小见大的特殊创造方式

我们的校园里，我们的校园一角，可能就是一花、一草、一勺、一片，一勺水，一片石，那里有什么？有曲处，有深处，有情怀，有意蕴。

好，这就是小和大的关系。同学们，当我们在构筑我们心中

的那个最美的校园微景观的时候,你是否从中得到了一点启发?

生:思考,领悟

最后我们再看一个:

性情筌蹄

所谓"性情筌蹄",用今天的话说,就是:园林是性情的象征符号。园林是筌蹄,性情是鱼兔,得鱼忘筌,得兔忘蹄,得性情可以忘园林。园林不以性情主之,则空有园林之躯壳,没有园林的灵魂。

处处皆可为园林

生:我感受到就情怀而言,景物是一个外在的东西,在园林中,最重要的是园林里头这个人,他的这些情怀,别的就是次要的。

师:那你现在再想想,我们开始看到的、写到的景和现在我们领悟到的这些,是不是你上升了一个层次?

生:我感觉对景物的认识已经上升到自己的精神层面了。

生:这个风景长什么样其实不是特别特别重要,主要是你对他的情感,

师:重要的是那个点是我想写的,是我要的。我要那块石头,那片水,我就是要让他们在一起,他们要寄托我的情怀,这才是我心目中的最美景观。

同学们,别忘了,我们的任务是在我们的校园一角里来构筑你心目中的最美景观,你来做主!给大家的就是一张白纸,在这张白纸上描绘下你心目中的最美的校园美景观,放开你的想象。当然,我们是文化节,要有文化的韵味。移天缩地在君怀。

赏园·悟园

学生创作，小组交流。作品展示：

生：我写的，是校园里的那棵柿子树。校园里一条小径蜿蜒曲折，幸好有一棵柿树，秋天时硕果累累，红红火火。叶子上的每一条经络，树上的每一条树枝，都在见证着此树的繁荣。夏天烈日当空时，人们可在此树下休息，深秋的时候，可在树上摘果子。树屹立着，历经风霜雨雪，风吹日晒，守护着那小桥流水和充满了欢声笑语的教学楼。（掌声）

师：最突出的进步是呈现出了树的精神。

生：长廊在我眼中就是最美的校园微景。几处早莺争暖树，谁家新燕啄春泥，莺树廊似乎就是最适合她的名字了。尽管长廊只有几米远，可我总觉得她是那么长，那么美。八棵紫藤萝住在长廊两侧，繁枝绿叶浮在长廊顶上。紫藤萝的果实是豆角状，上面长满了细密的绒毛。紫藤萝，它如同一个大伞，远处只见绿荫，走近才能得见长廊真容。（掌声）

生：校园是景园，更是文园。沿路的书带草寄托着莘莘学子每一颗热忱的心，汉代经学大师郑玄讲学时经常采集书带草结绳捆书，书带草捆起了上下千年无数人刻苦钻研学问的谦虚、柔韧坚强的心，承载了在求学之路上的无限追求，校园中的小道既种下了书带草，更凝聚了我们的心。（掌声）

生：坐看竹枝闲，何人不畅颜？闲坐亭中，听风赏竹，心旷神怡，穿过幽深的小径，迎着温柔的风，我们来到竹风亭。四周翠竹环绕，颇有"独坐幽篁里"的意味，坐在石凳上，看竹兰，品人生，享微风，赏意境。在竹风亭，可以给心情带来放松，让

人心旷神怡，这是我心目中最美的校园微景观，景美情更深。（掌声）

师：同学们，我们由景园到文园，现在是在筑一座——园？

学生：心园、情园。

师：我们用心、用情共筑一座最美的心园。

嘉木山水蕴诗意，小园轩榭寄幽情。愿每位同学的心中都有一座属于自己的中国园林，那里绿意葱茏，诗意芬芳。当我们在尘世间感觉到浮躁与喧嚣，让我们到那座属于自己的心园，让心灵栖息，乘一叶扁舟，让性情做一次远游。

下课！

作业：

1. 结合自己的领悟，为班级微景观宣传册写卷首语（100字左右）

2. 推荐阅读：朱良志《曲院风荷》

附：学生作品（部分）

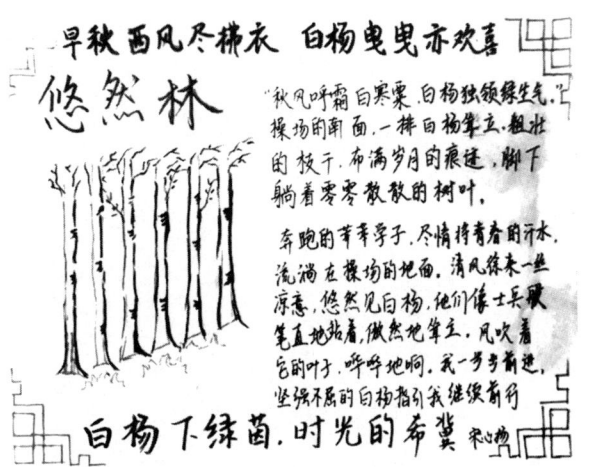

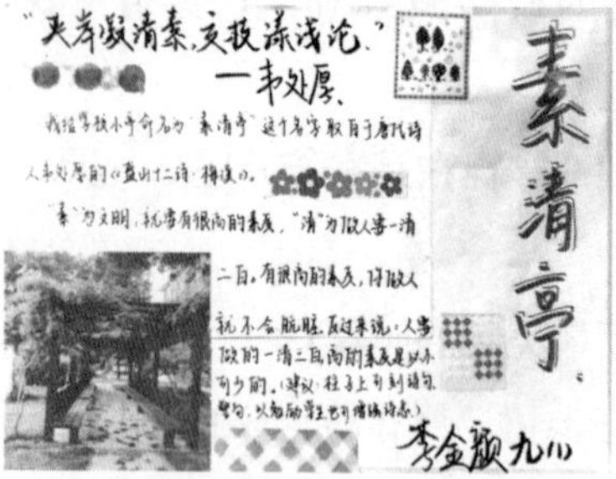
素清亭

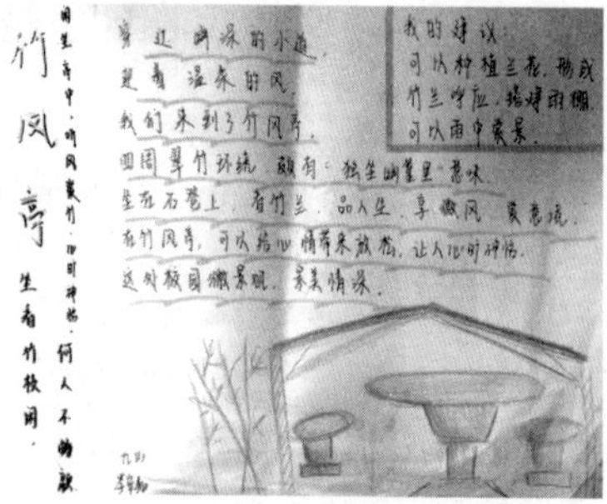
竹风亭

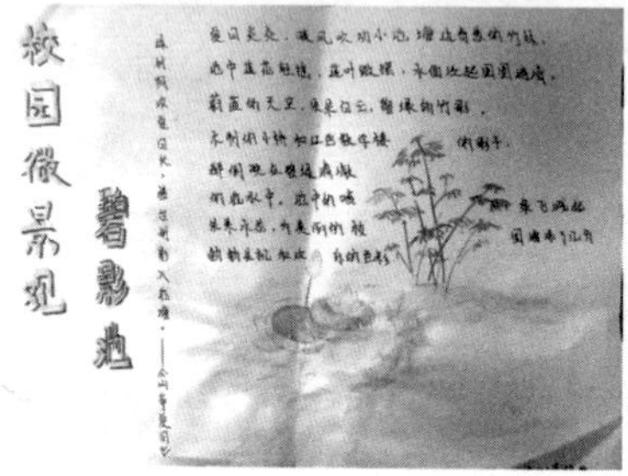
校园微景观

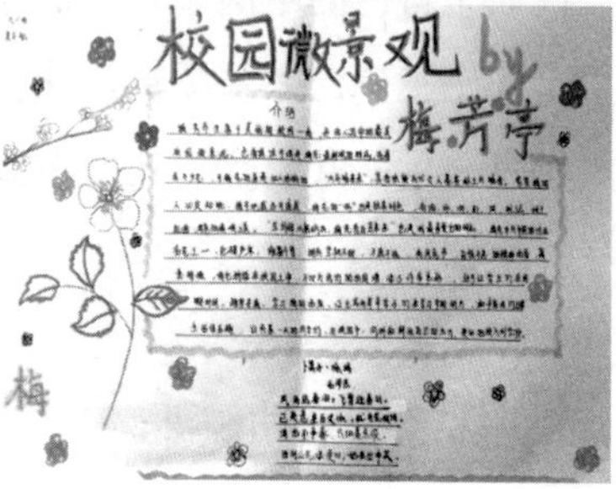
校园微景观

春江花月夜

组织学生进入,播放乐曲,板书课题。

导入:一段春江,一轮明月,一首诗,成就了唐代诗坛上一颗璀璨的明星,他就是张若虚。今天,老师和同学们一起品读、欣赏这首千古传唱的《春江花月夜》。

师:我们请一位同学来读一下,其他同学听时注意读音、词义、节奏。

学生读,正音(斜)释义(无穷已、可怜)节奏(223)语速(宜缓)

组长说我们小组读出了什么。师整合:读出了景理情等,月亮意象最重要。钟惺话。抓住月亮这一全文主线,赏析诗歌的美,体会诗人及诗中人的情。

师:美诗须美读,读出节奏,读出起伏,读出情感,读出味道。

1. 小组内相互读,把自己喜欢的写景句子读给同学听,并说说好在哪里。做好批注,推荐发言。

2. 请各小组推荐同学把自己喜欢的句子读给全班听,并说说好在哪里。

连(气势) 生(与升比较)随(有水流出皆有盈盈月光)、照、流(朦胧不对,是明亮,流动)、芳甸(为何不用草甸绿甸花甸) 纤尘(纤字) 孤(主客观)孤字传神地摹写出银盘似的明月朗照天下的美景,背景淡化了,主体突出了,孤独的诗人站在这一轮孤月之下，口内悱恻的低吟，心头婉转的情怀，自然便只能对月发问了。由景到情了。在什么情况下孤，为什么孤，又想到了那些人的孤。

3. 请一位同学美读写景句。同学们可以闭上眼睛用心倾听，回味这一幅幅美丽的图画。广阔，静谧，无处不在的明亮月光。视野开阔。[空间感]

4. 我们齐读一遍，大家尽量背过。（这里处理得不好，只是老师背了一遍，没让学生背）

5. 方法总结：在赏析诗歌时我们用了这些方法：联想想象，抓住意象，抓关键字。

6. 如果你就在这轮明月之下会想些什么呢？杜甫《旅夜书怀》细草微风岸

古人在这轮明月下又想过什么呢？

张若虚独立春江之畔，面对这轮孤月又想到了什么呢？请同学们默读写人生的句子两遍，静静悟一悟，看看能悟出什么，联想到什么。时间流逝，生命短暂，人类永恒。

1. 人生若尘露，天道邈悠悠。阮籍《咏怀》

2. 花开有时落，人生容易老。无名《惜时》

3. 对酒当歌，人生几何；譬如朝露，去日苦多。曹操《短歌行》

宇宙无穷人生短暂但整个人类的存在是绵延悠长的，追问月亮，何人初见月，何年初照人，李白曾对月发问"青天明月来几时，我今停杯一问之，今人不见古时月，今月曾经照古人。"《把酒问月》

苏轼《赤壁赋》："客亦知夫水与月乎？逝者如斯，而未尝往也；盈虚者如彼，而卒莫消长也。盖将自其变者而观之，则天地曾不能以一瞬；自其不变者而观之，则物与我皆无尽也。"【不过多局限，看学生能参悟多少】哪一个写月的字用得好。待。江月好想要等待什么人而永远落空似的，千万代的人都过去了，他到底在等待什么人呢？只有长江送着流水，时光流逝，江月痴心不改。【时间感】

如"孤"和"待"字，当时诗人不一定想到用这些词前挂后连，这是自然流淌出的诗。

面对人生之短促、自然之恒久，张若虚思接千载神游万仞，站在全人类的高度上，看到了人类的延续发展进步，没有颓废与绝望，有的是对人生的热爱与追求。正因如此，诗人自然把笔触转向了人生。

天上一轮月，人间不老情，心爱的人如天上的白云悠悠远去，在水一方，伊人独憔悴，一叶扁舟，载不动两地离恨苦；一轮明月，传不尽绵绵相思情。让我们随那轮多情的明月，一同走进思妇与游子的精神世界，去品味这人世间美好的情愫。用我们学到的方法来赏析这明月下的相思情吧。请各小组选择一个探究方向，准备3分钟，然后展示研究成果。【天下所有的游子与思妇　谁家，何处】

一生读。

一、意象对表情达意的作用。

白云（浮云游子意，落日故人情）、青枫浦（心爱的人如天上的白云悠悠远去，在水一方，伊人独憔悴）、扁舟子、明月楼（一叶扁舟，载不动两地离恨苦；一轮明月，传不尽绵绵相思情）月、妆镜台（对镜梳洗迟，懒起画娥眉）玉户帘、捣衣砧（多少回，欲寄寒衣无处去，望月寄相思，泪落湿襟袖）。鸿雁、鱼龙、闲潭、落花（又是一年春将尽）、江水、落月（又是一日月西斜）、斜月、海雾（归家之路遥遥无期）、碣石、潇湘、江树。

二、形象的用字

悠悠游子乘一叶扁舟缓缓而去，独留下思妇望穿秋水。可怜、徘徊（月之徘徊人之辗转）、应照、卷、拂、愿逐（急切、执着）、闲、复西斜、沉沉、无限、满江树，摇情"徘徊"，曹植《七哀诗》"明月照高楼，流光正徘徊。上有愁思妇，悲叹有余哀"。卷，拂"此情无计可消除，才下眉头，却上心头"。

（师解读，以备课上之需）

一、思妇的形象　与别的比较。

"闺中少妇不知愁，春日凝妆上翠楼。忽见陌头杨柳色，悔教夫婿觅封侯。"王昌龄《闺怨》

沈佺期《独不见》"谁谓含愁独不见，更教明月照流黄"

金昌绪《春怨》"打起黄莺儿，莫教枝上啼。啼时惊妾梦，不得到辽西。"

这里是一个美丽多情的女子，今夜的寂寞让她如此美丽。她对于丈夫是那样痴情地想念。没有怀疑和哀怨。

美丽的月亮挂在楼的上空，透过窗户照在那面铜镜上，镜在人去，想当初，镜中是你我甜蜜的笑颜，如今，却只留我孤独一人，茕茕孑立形影相吊，懒起画娥眉，那月光更是引发了我对你的思念，还是把它赶走吧，可它却不肯离去，依然把光洒在我身边的每个地方，看着那捣衣砧，多少回，欲寄寒衣无处寄，泪水滑落湿了襟袖。此时，这轮明月一定也在照耀着你吧，闭上眼睛，你在我的心里，睁开眼，你在每一缕风里。我愿化身一缕清辉，与你相依相随，托鸿雁传书光却难度，托鱼龙送信，水空成文，辗转徘徊，相思已成灾。

二、游子的形象：一个好男人。孤独漂泊，对家的渴望，对她的牵挂。刻骨铭心的爱。

1. 床前明月光，疑是地上霜．举头望明月，低头思故乡。

唐·李白《静夜思》

2. 每逢佳节倍思亲。　　唐·王维《九月九日忆山东兄弟》
3. 今夜月明人尽望，不知秋思落谁家。

唐·王建《十五日夜望月寄杜郎中》

4. 人归落雁后，思发在花前。　　隋·薛道衡《人日思归》
5. 离恨恰如春草，更行更远还生。　　南唐．李煜《清平乐》
6. 独上江楼思渺然，月光如水水如天。同来望月人何在？风景依稀似去年。　　唐·赵瑕《江楼感怀》

闲潭之闲（安静），游子之梦，梦里都是她。为何用落花？时光流逝之快；岁月与孤寂如何销蚀了她娇美的容颜。"今夜鄜州月，闺中只独看。"回家的路是那样遥远，回家的日子遥遥无期，回家的渴望却愈加强烈，无限离情，伴着残月之光，洒落在江边每一棵树上。摇曳在清晨每一缕风里。

漂泊异乡，心系佳人的游子。

昨夜闲潭一梦，梦到了落花，又是一年春将尽，而我却不能还家；又是一日月西斜，我与她依然远隔天涯，盼归期，未有期，一腔情思，洒落江边，摇曳在风里。

我读出了一种_____的相思情。（用一个词语概括）

相思情　　许多写相思的诗都是从一方尤其是女方角度写起，很少从双方写相思，男人好像都在忙着功名，无暇顾及女子的感受。但这首诗既写思妇又写游子，尽管不能相见相闻，但他们彼此的思念却天地可鉴，他们的爱是那样忠贞不渝，这也是作者想要传达的一种珍重吧。

相思：一种甜蜜的忧伤，如徐志摩《沙扬娜拉》之离别，"最是那一低头的温柔，恰似一朵水莲花不胜寒凉的娇羞。道一声珍重，道一声珍重，那一声珍重里有蜜甜的忧愁。"

《春》在参透宇宙人生的基础上引出对于生命、爱情的珍重。可以把它看作许多爱情诗词的一个总背景。这正是作者的高明之处。

李泽厚

诗中有的是强烈的宇宙意识，被宇宙意识升华过的纯洁的爱情，又由爱情辐射出来的同情心，这是诗中的诗，顶峰上的顶峰。

闻一多

师：同学们对这首诗还有什么困惑吗？

1. 若问手法　比喻　拟人　烘托渲染　以景结情

总：在描写流动多姿的春江花月夜的美景基础上，探问了宇宙人生的深邃哲理，进而抒写了游子思妇望月怀人的缠绵爱情。

2. 若问主题：诗歌的主题是什么？

在本诗中，你看到了一个怎样的张若虚？热爱自然，热爱人生，珍惜爱情，珍重生命。（可联系背景，在什么情况下写出的这么恢宏大气的诗篇）（与单元主题相联系）评价。

师生诵读

师：在这首诗中，月亮是全篇之魂。景理情皆由明月贯穿。一轮明月，照耀千古，引发了张若虚与之前之后无数人的感怀，大家想想月亮这一意象与中国人的情感联系。

拓展：中国人的月亮情结

请同学们联想必修或初中课本中学过的关于月亮的诗句，归纳其意义。

结语：一曲春江花月夜，激荡中华士子情。那轮明月，映照了多少美丽与哀愁，多少人对月感怀，留下了无数优美的诗篇。希望同学们面对尘世的浮华，生活的喧嚣，也能让自己静对一轮明月，手捧一卷诗书。让自己的思绪自由飘飞，让生命沉浸于脉脉书香，让心灵幸福而诗意的栖居。

注：本课为山东省优质课二等奖获奖课例实录

课堂反思

这堂课曾经获得山东省优质课二等奖，讲课，有得亦有失，失大于得，在赛课后我做了细致深入的反思，并整理下那堂课的课堂实录。

这个设计的初衷是充分尊重学生的主体地位，教师尽量避免预设，让学生充分生成，教师及时恰当地点评学生发言，学生对文本充分感知，且在这一过程中学到并进一步运用赏析诗歌的方法，充分进行联想与想象。对选修课中强调的拓展感觉很困惑，是不是最后一定要联系其他内容呢，很多时候都是为了拓展而拓展，画蛇添足。给学生方法，让学生自主学习，深入挖掘文本，注重其联想想象能力的培养，是不是也是一种拓展呢？读得是少了，不过学生已按导学案的要求充分自学，最少的也读了五六遍了，有的已背过一些片段，可惜没有时间展示了。学生每赏析一个地方都要把诗句读出来的，这是不是读呢？我是不是把简单的事做复杂了，领着学生一段段读，读完就说说哪里好，说完再读，再加上生动优美的过渡，最后背诵，学生这么好，整堂课的气氛一定很好，我自信能做得很好。可是现在呢，学生是在说发现谈感受，可是课显得散，环节不是很紧凑，老师要迅速判断学生的发言并作出恰当评判，还要层层深入，最后还要收束课堂，放开，放开，放开，理念是对还是错？预设与生成的关系究竟怎样？我很困惑。开始自己的设计是传统与现代的结合，后来被推翻了，就是要放开，收不到流畅、震撼的效果了。我的使命就是努力实践一种理念。这就是我的省优质课参赛之旅：选了一个自己喜欢但很难的课题，用了一个很难的方式，得了一个很不理想的名次，对不起关心帮助我的每一个人。

希望收获一份成长，做一个踏踏实实的语文教师。

一阕《声声慢》，易安点点愁

学习目标

1. 赏析意象，品味语言
2. 在反复诵读中体会词人情感

（强调意象、语言、诵读三个关键词）

师：王国维说"词以境界为上"，诗庄词媚曲谐，词最重境界，描写真景物，抒发真性情，我们要体会在这首词中表达了李清照怎样的境界。请一位同学读一下，其他同学思考感受困惑。

生读：

师：正音。请同学用简要的语言谈一谈整体感受和困惑。

生1：我感受到在词里表达的愁情。

生2：我觉得这首词写了一些景物，表达了一些愁情，但是没有具体的事，不知道她为什么愁，就是感觉有些空。

师：感受到了愁，不知为什么愁。

生3：寻寻觅觅，寻什么？深秋，前面是乍暖还寒时候后面说的是深秋，这是否矛盾。

师：乍暖还寒时候，是说秋天的天气忽冷忽暖，自己难以入眠。寻觅什么，我们后面在品读中体会。

生4：我感觉这首词非常美。但又无法用语言说出她的美。

（很多同学点头赞同）

带着这些感受和问题，我们再次走进《声声慢》

走进长文

初读近美

师：同学们好！

生（鞠躬）：老师好！

师：请坐！大家一起读这副对联——

生齐读：大明湖畔趵突泉边故居在垂杨深处，漱玉集中金石录里文采有后主遗风。

师：这副对联的作者是郭沫若，写的是——

生：李清照

师：梁衡散文集《把栏杆拍遍》中称李清照为乱世中的美神，我们今天就走进李清照的代表作《声声慢》，走进这位美神的内心世界。

再读品美

师：意象是打开诗歌大门的钥匙。我们借助意象来进一步理解。再请同学读一遍，在她读的时候，标画出典型的意象。

生读

师：你读的时候是什么感受？

生：读出了凄凉的感受。

师：推荐一首小诗，大家在词中选择合适的意象，添加适当修饰语填空并加以赏析

年年岁岁

风雨掠走你的笑容

在——中，有你无法磨灭的忧愁苦痛。

围绕意象，想象联想，想到什么画面，体会到什么样的

愁情？

生标画品读，师巡视指导。

生1：在悲凉的雁声中，有你无法磨灭的忧愁苦痛。这句话里典型意象是雁。我仿佛看到了，在凄凉的秋日里，李清照听到这悲凉的雁声，看到这南来的秋雁，想到这正是往昔北方所见，感叹如今世事沧桑，离愁之苦无法言说。

师：那我们在这里看到的是一种什么愁？

生：思乡之愁。

师：思乡的时候，看到飞过的大雁，更增添了愁情。怎样读出？

生：再读。

生2：在飘零的黄花中，有你无法磨灭的忧愁苦痛。秋风瑟瑟，黄花吹落满地，曾几何时，你的"人比黄花瘦"道尽对丈夫的思念，如今，物是人非，只有你孤独在此，陪伴这满地落花。从中，我读出对丈夫的思念和她晚年的凄凉。

师：憔悴的黄花也正让我们看到李清照憔悴的面容。想到和丈夫一起"东篱把酒黄昏后"的情景，就更增加了伤感。你再试着读一读。

生：再读。

生3：在细雨黄昏中，有你无法磨灭的忧愁苦痛。用具体的物象在我们面前呈现出一幅画面。细雨凄风，夜幕渐渐地遮住了苍穹。一个弱女子孤苦伶仃地站在风中，看着黑暗渐渐吞噬掉光亮，让人心中顿生一种同情。萦绕在空气中的愁怨，让我真切地感受到李清照在那个时期的愁苦和无奈。

再读。

生4：在无法消除的淡淡酒气中，有你无法消除的忧愁苦痛。"三杯"你说是晚来风急，其实何尝不是晚来愁急，我仿佛看到一个女子，在深夜里辗转难眠。在愁到极点时，几杯淡酒入口，依然很难以抹去她的愁绪。

师：她要借酒消愁，但是离愁更愁。真的是酒味很淡吗？是愁情太浓，酒味压不住浓愁，酒力压不住心愁。所以她感受到酒味的淡其实更加突出了她内心的愁。

生：再读。

师示范。

师：梧桐更兼细雨。

李煜《相见欢》"无言独上西楼，月如钩，寂寞梧桐深院锁清秋。"温庭筠《更漏子》"梧桐树，三更雨，不道离情正苦；一叶叶，一声声，空阶滴到天明。"梧桐是悲凉、孤寂、凄苦的象征，此处又加上细雨"到黄昏，点点滴滴"。梧桐，是一种悲怆凄婉的寄寓；梧桐，也是一种凄凉悲伤的象征。

刚才，我们品读了这些意象，深深体会到在李清照心头萦绕的浓浓的愁情。我们读的时候要读出她的孤寂，她的无助，她的凄凉晚景，通过这些诗句，要把她读出来。

生再读。

师强调："这次第，怎一个愁字了得？"

易安秋词《声声慢》："寻寻觅觅，冷冷清清，凄凄惨惨戚戚。"此乃公孙大娘舞剑手。本朝非无能词之士，未曾有一下十四叠字者。后叠又云："梧桐更兼细雨，到黄昏点点滴滴。"又使叠字，俱无斧凿痕。更有一奇字云"守着窗儿，独自怎生得黑"，

"黑"字不许第二人押。妇人中有此文笔,殆间气也。张端义《贵耳集》

深思悟美

她到底在寻觅什么?这愁情源自何处?

和《醉花阴》比较,来体会不一样的清照愁情。

请同学读《醉花阴》,我来读《声声慢》。

大家静静想,静静品,这两首词中的愁有何不同?

生1:《醉花阴》中的愁是一种淡淡的愁绪,打一个比方,这首词就像丝绸在你身边围绕,《声声慢》是非常浓烈非常沉重的愁绪,可以用一个词来说是汹涌而来,就跟迎面来了一拳一样。

师:迎面来了一拳,那种愁一下就把自己抓住了。前面的愁则是丝绸一样润滑。这样的比方很形象。

生2:《声声慢》是物是人非的寂寞哀怨,《醉花阴》主要是对丈夫的思念。

生3:写在不同的时期,《声声慢》是一种撕心裂肺的痛。《醉花阴》只是一个闺中少妇对丈夫的思念,《声声慢》中有她一生的感悟和她当时对国破家亡的更深的痛,所以我觉得《声声慢》更加沉重。

师:同学们读出了个人之愁,也从清照一生体会,读出了家国之愁。我们来看李清照的一生:

课件:

李清照(1084—约1151),南宋女词人,号易安居士,山东历城(济南市)人。父李格非为当时著名学者,自幼受文学艺术熏陶。十八岁适金石家赵明诚,夫妇感情甚笃,家庭生活平静美满,与明诚共同致力于书画金石的搜集整理。靖康之难后,经历了离乱，丈夫赵明诚病逝，本人颠沛流离于江浙皖赣一带，流落异地，无依无靠，在孤寂凄苦中度过了晚年。

李清照（1084—约1151）生平大事记

1101-1126年：与赵明诚结婚，安宁、幸福

1126-1127年：金兵入侵并灭北宋，金石书画毁于战火。

1129年：丈夫赵明诚病逝。

1130年：为辩通敌之冤，奔波于越州、台州、黄岩、温州之间。

1131年：寄居浙江会稽，又逢盗贼，重病缠身，几欲丧命。

1132年：再嫁张汝州不足百日便诉讼离婚。

1134年：整理完成赵明诚遗著《金石录》。

1151-1156年：孑然一身，悲苦辞世。无人知道死于何时，死于何地。

晚年的李清照经历了一些什么呢？

倾注一生心血的金石书画毁于战火，心意相通的丈夫离她而逝，再婚又离婚，经历感情生活的痛苦看清一个小人的真面目，彼时彼刻自尊的她却毫无尊严了，故土沦落，无家可归，国家灭亡，无国可依。晚年的李清照，写《声声慢》的时候，已经不仅仅是简单的离愁，而是一种泣血的悲吟。

《醉花阴》之愁：

百无聊赖的闲愁

重阳独酌的清愁

刻骨相思的离愁

如徐志摩《沙扬娜拉》蜜甜的忧愁

《声声慢》之愁

孀居之悲

年迈之叹

飘零之苦

亡国之痛

她在寻觅什么呢?

寻得一份宁静与安宁

寻觅过去美好的生活

寻觅夫妇二人赌书泼茶的欢乐

寻觅魂牵梦萦的家国

寻寻觅觅,寻得到吗?寻不到,冷冷清清,凄凄惨惨戚戚。

易安秋词《声声慢》:"寻寻觅觅,冷冷清清,凄凄惨惨戚戚。"此乃公孙大娘舞剑手。本朝非无能词之士,未曾有一下十四叠字者。

——张端义《贵耳集》

请同学再读这开头三句。

学生读出了清照旷古的孤寂与悲戚。

请同学再读这首词。

师:这不仅是词,更是清照泣血的悲吟,盈袖的,何止是菊花的暗香;更是她满腹的愁思,掩卷深思,不由深深叹惋,愁思是一种深沉的美。这一份愁思,在中国词坛上,成就一枝美丽的女儿花。请拿起你的笔,为李清照写一首小诗或一段评价。

学生作品

读你

读你,我读到的是东方女性斜风细雨中的瘦削雅素,

语闲情则薄雾浓愁,黄花比瘦

语离愁则玉簟生秋,雁归西楼。

读你，我读到的是东方女性疏风骤雨后的憔悴坚守，
语气节则惊泣鬼神，金石掷地；
语忧思则冷清凄戚，梧桐夜雨；
不着一语凄苦，寂寂景色，
多少人生长恨，家国悲叹
若让我选择一种音乐
定是那一笛古曲《梅花落》，染柳烟浓，吹梅笛怨。
一曲玉笛，寂寞梅花落。最关情处，暗香销尽，独守寂寞。
这曲里，有双溪舴艋舟载不动的浓愁，
这曲里，有滴不尽的梧桐雨，熬不明的残夜更漏。

——田佳

清照如梅，一生坎坷，却有爱有恨，有凄冷有幸福，梅花开过最傲骨的时节，却在春来时凋谢，在痛苦中依然坚守最纯真的美。

——刘通

读你

读你千遍总还感动，读你的感觉像严冬
年年岁岁，风霜掠走了你的笑容
我知道
那几点菊花酒的寂寞
那萧萧寒风中的夜来霜
那东篱下新酿的三杯淡酒
有你无法磨灭的忧愁
我多想
你永远灿烂在，溪亭日暮的藕花丛中

用那绝世的孤独跳一曲完美的独舞

——李嘉欣

我想用黑色来描述李清照，巾帼不让须眉，黑色是大气沉稳刚毅的代表，而我心中的清照，就是这样大气磅礴，沉稳刚强。——张笛

"千古风流八咏楼，江山留与后人愁，水通南国三千里，气压江城十四州。"这哪像出自一位女子之手啊，其中的气势不亚于苏轼的大江东去，历史上女词人不少，可谁有她这样"位卑未敢忘忧国"的伤时情怀，就连男儿也望尘莫及。她的心胸大可装天下，小可装黎民，如黑色的夜空，沉郁、大气、勇毅。——张学娟

总结学习方法：

    借助意象

    比较鉴赏

    想象联想

    知人论世

    反复品读

让诗词教学更有趣有效

——读《声声慢》课堂实录之后的感想

今天，读了崔老师《声声慢》的课堂实录，很受启发。下面，我将从课堂的主要流程、创新之处以及课堂中贯穿的学习诗词的方法三个方面谈谈自己的感受。

主要流程

本节课学生的学习目标是赏析意象，品味语言；在反复诵读中体会诗人的情感。简言之，就是通过多种方式的读，感受词的

意象、语言及诗人的情感。主要流程是首先让学生初读诗词,整体感知并谈感受和问题。二是带着这些感受和问题,以"意象"为抓手,再读品美:在这一环节中,教师请学生读词作,在该同学读的时候,所有同学标画出典型的意象。学生找出意象以后,教师推荐了一首小诗,让学生在词中选择合适的意象,围绕意象,想象联想,添加适当修饰语并加以赏析,体会词人的愁绪。在学生回答问题,教师引导学生多次朗读词句。第三教学环节中,教师以问题"李清照到底在寻觅什么,这愁情源自何处?"引导学生,比较《醉花阴》,体会不一样的愁情。学生谈初步感受后,教师提供李清照的生平资料,进一步感受李清照后期的悲惨遭遇,及后期词作中的孀居纸悲、年迈纸叹、飘零之苦、亡国之痛。在学生深刻感受到李清照《声声慢》的感情之后,教师设计了请学生为李清照写诗的环节,进行语言的输出。最后总结学习方法。

  本节课尊重文本本身,以诵读贯穿课堂始终,每一个环节都精心设计了活动或任务,以活动或任务为抓手,带动学生感受与思考。联系上次学习的语文核心素养,本节课从语言的构建与运用,思维的发展与提升,审美的鉴赏和创造,文化的理解和传承四个方面均有用力,让学生收获很多,不管是对《声声慢》这首词本身,还是对李清照生平,亦或是对诗词的学习方法都会有所领悟。此外,在课堂中,教师还穿插了一些名家对诗词的评论,比如王国维《人间词话》中对诗、词、曲的评价,对意象的看法,以及张端义《贵耳集》中对易安词的评价,表现出教师真正的古代文学素养,很吸引人。

创新之处

在本节课中,教学活动最让我觉得很惊喜且具有意义的是两处。

一是在让学生感受意象的时候,教师为学生提供了一首小诗,大家在词中选择合适的意象,添加适当修饰语天空并加以赏析。在这首小诗的启发下,学生纷纷说出了"在悲凉的雁声中,有你无法磨灭的忧愁苦痛""在飘零的黄花中,有你无法磨灭的忧愁苦痛""在细雨黄昏中,有你无法磨灭的忧愁苦痛""在无法消除的淡淡酒气中,有你无法消除的忧愁苦痛",并且能够谈出自己的感受。教师加以引导,让学生再次朗读强化。这样,以"意象"为抓手,学生对整首词的感受也在逐步深刻。整个过程充满诗意,又富有意义,让学生潜移默化地进行学习。

二是最后的"为你写诗"环节。这是语言的输出、运用,也是思维的发展,更是审美的创造,还蕴含着对古典文化的理解。再结合学生的创作成果,就会发现,学生的思维已经被充分调动,他们用优美而深刻的语言为李清照写诗,把自己的感受融入每一句诗句中。这一环境是很多诗词讲解课中可以学习的。

学习方法

在本节课中贯穿的学习古诗词的方法有:借助意象,比较鉴赏,想象联想,知人论世,反复品读。这些方法是学习古典诗词的有效方法,是值得语文教师学习和运用的,把这些方法贯穿于课堂,让学生不自觉地使用这些方法,最后总结方法,让学生有一个总的认识,这是很棒的做法。

以上就是我的感受,这堂课很棒,让人受益匪浅。唯一的疑惑就是在开始教师出示的学习目标中,只有两点,而后面的教学环节中,感觉目的要比那两点学习目标更加深刻,也更多一点。

李盼坤

神奇的"远方"

师：上课！

生：老师好！

师情境导入

在每个人的心中，都有一个远方，她是那样神奇，指引着我们走向前方。今天，让我们一起走进许达然，走进我们心中的远方。

检查预习，注音：

强悍	浩瀚	遨游	壮志未遂
瀛海	蛊惑	磨削	怏怏
跛脚	梦魇	笑靥	掺杂
憧憬	应和	绮丽	遐思
闲暇	微瑕	歆羡	嵯峨	桎梏

请一位同学读一读本课的学习目标：

仔细体味"远方"的深刻含义。

1. 运用批注法，品味重点句子的含义，理解作者的思想感情。

2. 引导学生树立远大的理想并为之奋斗。

师：批注法是我们要学会运用的一种读书方法，第三条正是本课的德育目标。

请同学们整体感知这篇文章。思考自己的感受或困惑。

小组交流 1 分钟

学生发言：

生 A：我们组提出一个问题，远方是理想，为什么还有苦有甜呢？

生 B：这里的远方有双重含义，她是不可预知的，正因其不可预知性，我们才想去探索。

生 C：远方即使是荆棘，我也要奋力前行。

【学习目标】学生写、交流 2 分钟。

师：希望听到大家充满激情地诵读。

学生精彩发言，共 8 人次。师生齐读增强读书氛围。

师：补充背景知识，知人论世。

本文写于 20 世纪 60 年代，经历了第二次世界大战以及以后的民族独立运动，全世界的知识分子都陷入了一种迷茫、徘徊的状态。当时的台湾处于蒋介石的高压统治之下，台湾的知识分子对前途感到迷茫。作者正值青年时期，在迷茫时依靠理性来思考。远方不是现实中的某个地方，而是作者的内心思想所在，是人类的前途。

师："或美或丑，对你，远方仍是温柔的有力的挑战，你去吗？"面对自己的远方，你会说些什么？

学生写作后发言，三人次，再次落实了这节课的目标。

齐读学生原创诗歌

哦远方

当你还只是孩子，
轻轻张开迷茫的双眼，
从童年的梦中醒来，
梦中的紫藤花，

梦里的云霞、神女、碧海蓝天，
让你欣喜又困惑。
你问妈妈，它们在哪？
她，静默地微笑着
——那是远方。

远方

是一个糅着幻想与希冀的美丽天堂，
而你，就是那个未知世事的孩子。
在远方柔软的光幕下，
在未来轻声的呼唤中，
欢快地，歌唱着迈向远方
——那个只属于你的天堂。

远方

是一片充满神秘与朦胧的蓝色海洋，
而你就是那只桀骜不驯、展翅飞翔的海鸟。
在汹涌波涛的召唤下，
在被闪电划破的天际中，
执着着，不知疲倦地飞向远方
——那个只属于你的蔚蓝梦想。

远方

是一片密而深邃的原始森林，
而你，就是那只美丽的小鹿，
在远方浓绿的荫蔽下，
在梦幻清澈的溪流中，
轻盈地穿越森林，跨过荆棘，奔向远方

——那片只属于你的绿色森林。

到不了的都叫远方，

纵然你飞越蓝海，穿过茂林，面朝天堂。

远方依然在遥远的地方向你挥手微笑。

你一面欣喜一面又迷惘。

哦，远方，远方……

小组活动展示：课前每个小组以"远方"为主题准备了小组创意活动

师：在这节课中，大家知道了远方的意思，将批注法贯穿到学习中。

希望大家都能拥有最美的远方！

推荐阅读：

林清玄《在梦的远方》

张抗抗《故乡在远方》

许达然《如你在远方》

王家新《在山的那边》

《沉默而沸腾的旋律》——读许达然的散文《远方》

教学反思

在《远方》这一课的教学中，我充分调动了学生的积极性，要求学生用批注法，深入理解句子含义，理解作者思想感情。让学生树立远大的理想。为自己的远方奋斗。

具体要求是让学生画出自己喜欢的句子，在旁边写下自己的联想或感悟。学生的发言很精彩，他们联想到自己，联想到余秋雨，联想到刀锋战士，我看到了他们丰富的内心世界。

他们以小组为单位，以远方为话题组织的小活动也是丰富多彩，有随笔展示，有原创诗歌朗诵，有相声，有双簧，有模拟哥伦布发现新大陆的情景剧。他们的创造力和感悟力得到了很好的体现。

我让他们对自己的未来讲一段话，他们纷纷表达了自己的心声，有的说我不知道将来的人会如何评价我，但我会一直为自己的远方奋斗。有的说我将来可能是一个企业家，可能会有很多荆棘与坎坷，但我会让自己的内心强大起来。我永远会向着自己的远方不懈奋斗。

王欣宁的回答让我记忆犹新，他说自己小时候一直向往远方，当作业做不完或挨批时，希望把自己藏起来；大了些还是盼着有远方，那是在课业繁重的时候，希望有个地方让自己放松，能够去远行；今天学了许达然的远方终于知道自己应该追求什么样的远方，那是远大的理想。自己是先有现实再有远方，而许达然是将眼光放到了未来，要为未来而奋斗。自己以后也要有远大的目标。

孩子们的发言让我非常感动。祝福他们！

读《开国大典》，绘十一国庆

课前齐读"长征路上诗与歌—毛主席长征诗词"。

师：中国工农红军的伟大长征，被誉为地球上的红飘带，中华人民共和国走过的道路也正是一条写满奋斗的长征路。在刚刚过去的十一国庆，我们共同见证了一场国之庆典，如果让你用一个词语概括这场庆典带给你的直观感受，你会选什么呢？

生1：热烈

生2：庄严

生3：热闹

生4：振奋人心

师：好，大家对这场庆典印象特别深刻。我们也布置了任务，1. 在电视上观看中华人民共和国成立七十周年庆祝活动，写一篇文章，要包含自己的整体印象和感受，（100字），选取两个让你印象深刻的具体镜头仔细观察，写具体，每个镜头不少于200字。2. 收集5句（条）爱国的诗句、标语。

请同学们思考，你完成的写作任务存在哪些问题？

1. 听同学的作文片段，你发现了什么问题？

2. 你在写作我们布置的国庆节任务时遇到了怎样的困难？你希望你的文章在哪些方面得到改进？

生1：我写得比较笼统，缺乏点的描写。我想写得再细致一些。

师：感觉自己存在这个问题的举手，大有人在，那这是我们需要解决的一个主要问题。

生2：那么多的方阵，令我眼花缭乱，我不知道该选哪一个了。

师：怎么选点也是个问题。

生3：怎么把他们自然地联系起来是我的困惑。

师：这是文章思路的事情。

生4：我不知道怎样进行场面描写。

师：七十年前，在北京天安门广场举行了盛大的开国大典，在中华民族历史上留下光辉的一页。而我们今天要学的这篇《开国大典》生动再现了当时的场面，同时这也正是我们写作的范例。

结合同学们出现的问题，我们拟定这样的学习目标。

出示目标

学习目标

1. 会写12个生字，能正确读写"协商、汇集"等20个词语。

2. 精读文中场面描写的重点语段，学习场面描写的方法，并运用学到的方法完成《七十年国庆大典》场面描写。

3. 在阅读文章中感受开国大典热烈、庄严的气氛，增强爱国主义情感。

下面让我们走进70年前的开国大典。首先是对课文的整体了解：

出示任务一

整体感知

文章按照（　　）顺序，写了哪几个场面？

生1：按照大典举行的顺序，首先是群众入场，然后是主席跟群众见面

师：要学会概括，突出核心事件，句式用陈述句；场面按照大典举行的大的环节分开，不要太琐碎。

生2：群众入场后是举行典礼，然后是阅兵式，最后是群众游行。

师：概括得非常好！（出示ppt）

群众入场（1—4）——举行典礼（5—10）——阅兵式（11—13）——群众游行（14、15）

大家在写作中都是重点写了阅兵式这个场面，我们来看一下文中是怎样写的。（出示任务）

1. 自读自悟：

读写阅兵的场面，（思考你从中感受到了什么），你发现课文是怎样描写这个宏大的场面的。

2. 小组交流，班级展示

（1）小组精彩朗读，可一人，可全组。

（2）推选一位同学代表小组讲解。

3. 小结方法　先说总的方法，再分析细节

（感觉问题问得还是不够明白，任务也应该再简洁明白一些。可以直接到方法上，突出整体怎么写的。不要问虚的问题，具体明白，紧扣目标。）

生读书后形成成果，讨论准备发言。

生1：点面结合

师总结

场面描写是指对人物（往往是众多人物）在一定时间和环境

中的活动所构成的画面的描写。

场面描写要做到：

1. 条理清晰，主次明晰 方法，按照一定顺序，总分总，时间，空间，逻辑。

2. 既有全景的勾勒，也有镜头的特写；

3. 要学会细致描写，写出特定场合的气氛。

主要方法：点面结合

那么在点的描写上作者用了哪些方法？请找出你认为精彩的语句，说说有哪些方法可以写细致？

你还找到哪些对你有启发的精彩语句？有感情地读出来与我们分享吧！（可以从思想认识、写作手法等方面思考）

生发言。

总结方法：

例：在天安门广场前，人山人海，在人群中不时拥有一阵阵骚动。人们在议论着、激动地等待着。看，毛主席来到话筒前，用激动的声音大声宣布中华人民共和国成立。广场上一片欢腾，喊声呼声，声声入耳，笑容在每一个人的脸上绽放，激动的心情无法用语言来表达。（面）毛主席有力的手指按动了升旗的按钮。（点）望着五星红旗冉冉升起，看着天安门城楼上国家领导人庄严的表情，心中便升起了无比敬仰之情。在庄严过后，又是一阵发自肺腑的欢呼。

写点的方法：

描写方法，综合运用。

1. 叙述、描写、抒情等表达方式综合运用

2. 刻画人物，写人的神情、语言、心理等

3. 运用修辞方法让描写更生动

4. 恰当选用词语，准确、生动、形象

5. 适当的地方，来点引用吧！

……

例2 运动会上人头攒动，像一面迎风飘动的彩旗，像随风逐波的麦浪。（面，喻）"加油！加油！"会场上传出一声高过一声的加油声，（声，气氛）只见运动员咬着牙，脸憋得通红，手紧握接力棒，眼睛紧盯着终点处的红布条。糟糕，一名运动员手中的接力棒掉到了地上，他迅速转身，将手飞似的掠过去，便将棒握在手里了。他拼尽全力如疾驰的闪电向前飞奔。（喻，点）树上的麻雀在枝头上蹦来蹦去，急得直跺脚。（拟人，侧面描写）终于，冠军冲向了红线，全场一片欢呼，人们簇拥而上……瞧，树上的小麻雀也跳起了胜利的舞蹈！

播放3个小视频

修改自己的文章

运用课文中学到的方法，修改观看国庆节庆祝活动后写的片段，形成一篇完整的文章：

《七十周年国庆大典》

爱国诗词联读：

（写到课本上）

齐读：中国的昨天已经写在人类的史册上，

中国的今天正在亿万人民手中创造，

中国的明天必将更加美好！

走进语文
——设计之美

设计,始于生活。生活是生命的保障。生活中处处都是美,是设计的灵感之泉。我们可以不成为诗人,但至少我们要具有一颗诗人的心,可以发现生命中的星辰。万物都在为自己的生命奋斗。在奋斗中思考,在生活里沉淀,悟出生命的力量。

嘉木山水诗意满，小园轩榭寄幽情（一）

——基于《苏州园林》的主题阅读

教学目标

1. 阅读文本，了解并说出以苏州园林为代表的中国园林基本特点。

2. 阅读文本，探究方法，调动积累，完成阅读任务。

3. 在探究中深入体会中国园林诗意之美，增进热爱祖国传统文化的感情。

教学重点：在阅读中探究方法，调动积累，借助想象，完成阅读任务，深入体会中国园林的诗意美。

教学难点：阅读文本、探究方法，运用方法再创作。

教学方法：1. 创设情境，任务驱动 2. 自主探究 3. 小组合作 4. 跨媒介阅读

教具和教学手段：PPT、板书、学案、视频资料

教学过程

预学准备：

1. 查找资料，了解中国园林相关知识。

2. 每人在读书笔记上准备5首自己最喜欢的诗词，5句自己最喜欢的古语警句。

3. 寻找你最喜爱的校园微景观，用文字和图片记录下来。

【情境导入】

请两位同学把课题写到黑板上。

同时请学生介绍校园微景观。

师：同学们介绍得很好，我们的校园真像美丽的花园，老师们一定也喜欢上了这美丽的小世界。

我们一起来读读课题"嘉木山水蕴诗意，小园轩榭寄幽情"——基于《苏州园林》的主题阅读。

围绕这个题目，你猜猜看我们这节课要做什么？

学生：了解园林文化，主题阅读

师：同学们说得很对。我们这节课还有个重要任务，阅读与中国园林相关的文章，运用文章带给我们的启发，完善校园微景观，让我们的校园更具魅力。

阅读材料：

1. 《苏州园林》 叶圣陶
2. 《中国诗文与中国园林艺术》节选 陈从周
3. 知识卡片 "园林中的楹联"
4. 园林名称及相关诗文举例
5. 花木文化
6. 跨媒介阅读资源《沧浪亭》

设计意图：贴近学生的生活创设情境，激发学生进一步学习的兴趣。学生以文本为依据，逐步体会中国园林文化的特点。

◎ **任务一　印象·初识**

依据阅读文本说一说，你从文中看到的中国园林具备怎样的特点？

预测：

具有图画美

讲究亭台轩榭的布局

讲究假山池沼的配合

讲究花草树木的映衬

讲究远景近景的层次。

每个角落的构图美

门窗的图案美

建筑的色彩美

具有文化内涵、诗意美

设计意图：阅读文本，筛选并整合信息，归纳出建议的角度。

◎ **任务二　凝望·筑园**

阅读资料，圈点批注，依据文本资源思考，园林景观怎样才能更具有诗意之美。

阅读资料二，依据你在阅读中了解到的园林楹联，总结园林楹联的形式：

1. 直接用他人诗文作楹联

2. 化用、组合他人诗句，如沧浪亭联

3. 自己根据景观特点及心境原创

阅读资料三，研究园林命名特点，仿照示例填表：

名字	命名对象	命名特点
沧浪亭	园	直接取自诗文，体现情怀
个园	园	直接取自诗文，突出特点
荷风四面亭	亭	诗文字词组合，体现意境
小飞虹	桥	直接取自诗文，突出特点

设计意图：小组合作，阅读文本，说出依据，给出细致建议，梳理总结。细致阅读，深入探究，进一步了解园林的特征，提升到文化层面，体会园林建筑的诗意之美，调动想象积累，锤炼语言，再创作，体会园林文化中的文人雅趣。

阅读资料四：你想在微景观中种植哪一种花木，为什么？

品格：松竹梅

典故：唐草、书带草

设计意图：小组合作，依据文本，探究方法，调动积累，运用想象再创作，完成任务单。

◎ **任务三　回眸·为文**

孔子的精神、老庄的灵魂、陶潜的神韵、李白的飘逸，流连于山峦池塘，盘桓于云烟彩霞，穿行于松涛雨声之中。中国古典园林中的山光潭影、草木虫鱼、亭榭轩廊，都浸泡在中华传统文化的大缸中，必须亲自体验方知其醇香。

筑文如筑园，让我们再次走进文字，去发现园林文化之美。师生读园林微景观文字介绍。

梳理方法，设计"校园微景观"名片，向大家介绍你心目中最有诗情画意的校园微景观。

1. 名片包括名称、文字介绍。

2. 在校园自然景观的基础上融入古典诗文元素。（可从题名、楹联、花木、意境等方面体现）

3. 层次清晰、语言生动。

学生展示

设计意图：考虑学生特点，降低难度，从不同角度给出示例，学生模仿借鉴，完成自己的名片设计任务。筑文如筑园，再次走进文字,去发现园林文化之美。

结语:嘉木山水蕴诗意,小园轩榭寄幽情。愿每位同学的心中都有一座属于自己的中国园林,那里绿意葱茏,诗意芬芳。

作业:

1. 在班级展示你的"校园微景观"名片,优秀作品推荐到学校。

2. 思考并与同学讨论:

漫步潞园,你还发现校园景观有怎样的特点?

放眼世界,你又想了解园林文化哪些博大精深的内涵?

推荐阅读:

陈从周《苏州园林》

曹林娣《静读园林》

梁思成《中国建筑艺术》

板书设计

嘉木山水蕴诗意

小园轩榭寄幽情

名字楹联　诗文意境情感

诗情⇔画意

文心

课后反思

基于《苏州园林》的主题阅读

在完成《苏州园林》这一课学习后,尝试完成一个单元主题阅读教学。前后共设计四个课时。从阅读资源选择到教学设计到教学实施,是一个从无到有的过程,需要一点点去摸索,整个过程下来有一定难度的,但也有无尽的乐趣与实实在在的收获。

这个教学设计与平时进行的群文阅读的区别在于要基于一定情境进行主题阅读,所谓基于情境的主题阅读教学,指在单篇阅读教学基础上,围绕主题,给学生创设情境任务,提供阅读资源,让学生带着任务围绕主题进行深度阅读,从而提升学生探究、思考能力。

确定主题树立课魂

作为基于情境的主题阅读课,恰如园林主人的思想是一座园林的魂,主题是课的魂。创设情境,设置任务,寻找阅读资料,考虑组合配置都要围绕主题,主题是课的统帅。

主题的确定应遵循如下原则:

1. 基于课标

确定阅读主题,应考虑到课标对该学段学生的要求,这是拓展阅读的出发点。例如,初二年级的学生,课标在阅读方面的要求是"养成默读习惯,有一定速度,阅读一般的现代文,每分钟不少于500字。能较熟练地运用略读和浏览的方法,扩大阅读范围。""阅读由多种材料组合较为复杂的非连续性文本,能领会文本的意思,得出有意义的结论。"

2. 基于单元整体设计。

这一个主题阅读的背后是整个单元教学设计,它是其中的一部分,是一个环节,是为落实某一个单元学习重难点服务的。如这个主题阅读设计是基于教材的拓展,指向了建筑中的文化。

3. 考虑学情

主题阅读的主体是学生,所以,在确定主题时要充分考虑学生的接受能力、阅读现状等实际情况。

4. 尊重教材文本

主题与教材文本保持内在联系,相关相承,阅读资料是一组文章，以出自教材的这一篇为主，其他阅读资料在这篇文章基础上延展，增加深度，拓展广度，灵活选择。主题设置要建立在充分阅读理解和尊重教材文本的基础上。

5. 具体恰切

主题设置宜小不宜大，应小切口，适度加深，切忌大而空，让学生感觉不知所云。

以《苏州园林》主题阅读课为例，主题根据单元教学需要可以指向阅读、写作、文章、文化等。阅读方向考虑对这一类文章的阅读方法指导；写作方向可以从文体写作角度进行探究，如这类说明介绍的文章如何说明，如何某篇；文章角度考虑这一篇文章对其他文章产生的内容或写法的影响；文化方向则考虑文章可以呈现的文化元素，如从苏州园林特点到中国园林特点，园林的中西合璧，园林文化，园林文化里的诗意……

根据上述原则，本课例选择"嘉木山水蕴诗意，小园轩榭寄幽情——走进园林文化里的诗意美"作为阅读主题。从园林图画美特点挖掘其诗意美特质，适度提升到园林文化，从画意到诗情，赏出文化之美。

画意 ↔	**诗情**
讲究亭台轩榭的布局	诗意美
讲究假山池沼的配合	情感美
讲究花草树木的映衬	意境美
每个角落的构图美	文化内涵
门窗的图案美	情景交融
建筑的色彩美	……
……	

情境任务有效驱动

李吉林老师通过 30 年实践研究探索出:"择美构境,以境生情,以情启智,情感与认知结合,引导儿童共在境中学、思、行、冶,促进素质全面发展的教育教学模式。"体现了在语文教学中创设情境的重要性。在教学中,教师要善于创设与学生生活环境、知识背景密切相关的、学生感兴趣的学习情境,让学生在阅读、思考、探究、交流、归纳、运用、反思等活动中逐步体会知识的产生、形成与发展的过程,获得积极的情感体验,感受语言的美,同时掌握必要的基础知识与基本技能。学生在情境中获得积极的情绪与持续的动力,愉悦感转化为内驱力,增加阅读深度,提高学习效率。

这需要教师对教学内容进行适当的"情境再造"。"情境教育"之"情境"实质上是人为优化了的环境。在情境中完成任务,情境任务是驱动,驱动学生更好地进行文本阅读,进行语言的体味揣摩,进行思维提升训练进行审美鉴赏与创造。情境创设与任务提出需要注意以下几点:

情境尚"真"

真实的情境才会让学生迅速代入,产生阅读愿望。要做到真实,就要充分考虑学生的生活学习的环境,找到与主题恰切的情境创设点。

情境求"联"

这里的联,指关联,一个好的情境,在这个情景下产生的任务,可以把阅读资料和学生的阅读过程紧密关联在一起,环环相扣,说到底关联的是学生的思维。

情境向"语"

向"语"指创设的情境任务从根本上是要指向语文的活动,培养听说读写思能力,运用语言文字,解决生活中的问题。

以《苏州园林》主题阅读课为例,为了消除情境与学生的隔膜,尚真求联向语,在设计过程中,数易其境:

1.0 一位同学要参加中国园林文化建筑模型大赛,要求设计一座有中国特色的园林,这位同学觉得很困难,希望大家能给出一些建议。建议的依据就是阅读资料。

2.0 某小组要代表班级参加园林建筑模型大赛,请你阅读资料,给这个小组提出更多好的建议。

3.0 一位同学要参加中国园林文化建筑模型大赛,要求设计一座有中国特色的园林,这位同学做出了模型,希望大家根据阅读资料给出一些完善建议。(现场提供真实模型)

4.0 由兰亭集会引出,在某中学举办一场以中国园林文化为主题的聚会,假如你就是其中一员,请你就园林中的文化谈谈见解。

5.0 学习了《苏州园林》之后,美术组和语文组决定联合向学校提出一个提案,在学校建一座有中国特色的微观园林,希望大家能结合阅读资料给出建议。

6.0 阅读与中国园林相关的文章,结合中国园林文化带给你的启发,为"校园微景观"设计宣传名片,让校园更具文化魅力。

反复地修改,最终确定采用6.0版方案,想努力贴近学生的生活和语文学习,消除情境任务与学生和阅读文本的隔膜。

阅读与中国园林相关的文章,结合中国园林文化带给你的启发,为"校园微景观"设计宣传名片,让校园更具文化魅力。

取舍资源披沙拣金

教师要提供给学生有效的阅读资源,用这些阅读资源来达成目标,那就必然有一个取舍问题。这是一个从无到有的过程,没有现成的阅读资源,需要自己根据教学目的去寻找,找到最合适的,这是一个披沙拣金的过程,对老师的阅读提出很高的要求,我读了陈从周《园林清议》、曹林娣《静读园林》、朱良志《真水无香》等书,对我帮助非常大。

我开始选了三大张阅读资源,最后只保留了一张。那反思我去掉的是什么样的?

1. 学生读不懂的。

远远超出了学生的实际阅读水平的文章,比如艰涩的古文、学术性较强的论文等不宜硬塞给学生阅读,试想老师都要反反复复去读,查阅大量辅助资料才能读懂,又怎能让学生在较短时间读明白呢？

2. 与主题关联不大的。

资源是丰富的，但不一定是适合的，所以，筛选的重要依据就是主题，要果断舍弃与主题关联性不强的阅读资源。

3. 内容重复的

如果两篇文章是大同小异的，那必然要优中择优。

增加的是什么样的？

当然是更好地为课堂服务的，更适合学生阅读的；同时，增加不同形式的阅读资源，使阅读材料更加丰富。

修改的是什么样的？

要把故作高深的改成简洁明了的，给出的资源顺序可以根据需要做出调整，阅读资源的题目修改得更直接一些。

以《苏州园林》主题阅读为例，开始选取的资源有

1.《苏州园林》　叶圣陶

2.《中国诗文与中国园林艺术》陈从周

3.《名园不厌百回游》节选　曹林娣

4. 亭台轩榭舫的介绍

5. 园林品题

6. 园林花木文化

7. "诗意园林"片段欣赏

后来根据实际做如下调整：

1.《苏州园林》　叶圣陶　作为教材文本保留

2.《中国诗文与中国园林艺术》陈从周　保留1、2两段

3.《名园不厌百回游》节选　曹林娣　因与资源2重复删掉

4. 亭台轩榭舫的介绍与主题关联不大删掉

5. 增加知识卡片：园林中的楹联

6. "园林品题"修改为"园林中取自古诗文的名字"更为通俗易懂。同时去掉不典型的。

7. 增加沧浪亭视频资源，体现跨媒介阅读。

8. 保留花木文化。

9. "诗意园林"不再作为阅读资源，改为学生写作前的示例。

包裹资料任务有效

授课过程中要时刻关注任务对阅读资料的包裹度，任务是真实推进的，资料是切实有效的。每一份阅读资料要完成任务中的哪一步，都需要精心设计。否则，可能会出现任务资料两张皮的现象，作为教师，心中要时刻装着一个问题：如果学生不阅读这些资料，可以完成这个任务吗？

在本课例中，出现了这样的问题，在"阅读资料，圈点批注，依据文本资源思考：怎样才能让自然景观更具有诗意之美？"这个环节中，没有细化任务，学生只是粗略看了资料，得出了名字、楹联、花木、意境、文心这些达成诗意的方法，就进入了名片设计环节，结果一部分学生不知道怎样去做，依然停留在个人领悟阶段，资料没有起到应有的作用。后经过修改，将任务细化为三步：

1. 阅读资料二，依据你在阅读中了解到的园林楹联，总结园林楹联的形式；

2. 阅读资料三，研究园林命名特点，仿照示例填表

名字	命名对象	命名特点
沧浪亭	园	直接取自诗文，体现情怀
个园	园	
	亭	诗文字词组合，体现意境
小飞虹		直接取自诗文，突出特点
倒影楼	楼	

3. 阅读资料四：你想在微景观中种植哪一种花木，为什么？

这样细化之后，阅读资料起到应有的作用，学生有了实际的获得，任务达成也自然水到渠成。

留园北馆抒情写志联

读《书》取正，读《易》取变，

读《骚》取幽，读《庄》取达；

读汉文取坚，最有味书中岁月；

与菊同野，与梅同疏，

与莲同洁，与兰同芳，

与海棠同韵，定自称花里神仙。

多元评价有效跟进

教学评一致是教学效能提升的关键，完善课堂评价机制，除教师随机口头评价外，还要制定出紧贴学生课堂作品的评价小量规。例如对优秀校园微景观名片的评价标准（入选标准）：

名字

出自诗文，符合景观特点，灵动有趣味

介绍

1. 层次清晰
2. 突出景观特点。
3. 至少选一个角度引用化用一处古诗文。(名字、楹联、花木、意境等)
4. 融入自己的感受
5. 有一到三句生动的描写。

发布任务时就把标准给学生,做到评价先行,有了评价标准就有了方向,可以帮助学生更快速准确地达成目标。

回眸·为文

请梳理你的收获,设计"校园微景观"名片,向大家介绍你心目中最有诗情画意的校园微景观。

1. 名片包括名称、文字介绍。
2. 在校园自然景观的基础上融入古典诗文元素。(可从题名、楹联、花木、意境等方面体现)
3. 层次清晰、语言生动。

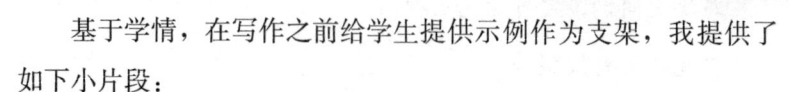

基于学情,在写作之前给学生提供示例作为支架,我提供了如下小片段:

翠玲珑

翠玲珑是一座别致的小轩,是苏州名园沧浪亭中的一个书斋。名字取自苏舜钦诗句"秋色入林红黯淡,日光穿行翠玲珑"。它掩映于竹林之中,由几间大小不同的房屋连贯而成,曲折有致;室内家具也均为竹节形。

在此室饮茶读书。粉墙竹影，清风飒眠，尽觉得绿意萦绕，怡然宁静，更能体会到王维"独坐幽篁里，弹琴复长啸。深林人不知，明月未相照"诗句的意境之美。

雪香云蔚亭

拙政园的雪香云蔚亭在野水回环的小岛西北角土山上，野趣盎然。亭边多植白梅，"雪香"，指色白而香的白梅；亭四周枫、柳、松、竹交辉掩映，禽鸟飞鸣，溪涧盘行，"云蔚"，正是对树木茂密的形容。亭处"山花野鸟之间"，"蝉噪林愈静；鸟鸣山更幽"。

学生形成了很多富有创造力和诗意美的作品，因时间关系，学生作品展示放到第四课时。

总之，基于情境的主题阅读教学在真实情境下推动下进行深度阅读，完成阅读任务，从而提高学生分析、思考、探究、解决问题的能力，符合学生阅读认知规律，这是提升语文核心素养对教师与学生提出的更高要求，是时代发展和人才培养的需要。

最后，这样的一个设计仅仅是一个初步的尝试，还有很多有待改进的地方，我将在接下来的教学中进一步探索。

（该文发表于《北京教育》）

嘉木山水诗意满，小园轩榭寄幽情（二）

——基于《苏州园林》的主题阅读资源

资料一　《苏州园林》

资料二　《中国诗文与中国园林艺术》（节选）

中国园林，名之为"文人园"。它是饶有书卷气的园林艺术。北京香山饭店，是贝聿铭先生的匠心。因为建筑与园林结合得好，人们称之为有"书卷气的高雅建筑"，我则首先誉之为"雅洁明净，得清新之致"，两者意思是相同的。足证历代谈中国园林总离不了中国诗文。而画呢？也是以南宗的文人画为蓝本。所谓"诗中有画，画中有诗"，归根到底脱不开诗文一事，这就是中国造园的主导思想。

清代钱泳在《覆园丛话》中说："造园如作诗文，必使曲折有法，前后呼应。最忌堆砌，最忌错杂，方称佳构。"一言道破，造园与作诗文无异，从诗文中可悟造园法，而园林又能兴游以成诗文。诗文与造园同样要通过构思，所以我说造园亦名构园。其中还是要能表达意境。中国美学，首重意境，同一意境可以不同形式之艺术手法出之。诗有诗境，词有词境，曲有曲境，画有画境，音乐有音乐境，而造园之高明者，运文学绘画音乐诸境。能以山水花木，池馆亭台组合出之。人临其境，有诗有画，各臻其妙。故"虽由人作，宛自天开"。中国园林，能在世界上独树一帜者，实以诗文造园也。

(陈从周《园林清话》，中华书局)

资料三　知识卡片

园林中的楹联

楹联是苏州园林点题时使用的一种文学形式，与匾额相比，楹联所概括的内容更细致并且读来朗朗上口，富有音乐的节奏感，是一种艺术性很强的文学形式。门前亭柱上的楹联往往与匾额同为一体，是详细阐释或者对周围景致的精辟概述。

沧浪亭对联：清风明月本无价，近水远山皆有情

荷风四面亭：四壁荷花三面柳，半潭秋水一房山

雪香云蔚亭：蝉噪林逾静，鸟鸣山更幽。

出自王籍《入若耶溪》

资料四　园林名称及相关诗文举例

园：1."个园"名称源自"月映竹成千个字，霜高梅孕一身花"（清？袁枚）。

2."沧浪亭"名称源自"沧浪之水清兮，可以濯我缨；沧浪之水浊兮，可以濯我足"《孟子？离娄》。

亭：1."仰止亭"名称源自"高山仰止，景行行止"。

2."荷风四面亭"名称源自"柳浪接霜桥，荷风来四面"。

轩："闻木樨香轩"轩中对联"奇石尽含千古秀，桂花香动万山秋"。

堂："远香堂"名称源自"亭亭净植，香远益清"《爱莲说》。

楼："倒影楼"名称源自"鸟飞天外斜阳尽，人多桥边倒影来"。

阁："留听阁"名称源自"秋阴不散霜飞晚，留得枯荷听雨声"。

桥:"小飞虹"名称源自"飞虹眺秦河,泛雾弄轻弦"。

资料五　花木文化

园林植物不仅仅是观赏的对象,还成为古人表达情感、祈求幸福的一种载体。借物言志是古人含蓄表达情感的一种方式,许多植物也被赋予了一定的寓意,其间有人们的好恶,有人们的追求和梦想,看似简单的植物蕴含着深层次的文化内涵。

古典园林中常用植物及其象征寓意如下:

梅花——冰清玉洁、凌寒留香,象征高洁、坚强、谦虚的品格,给人立志奋发的激励。

竹——"未曾出土先有节,纵凌云处也虚心",象征坚贞,高风亮节,虚心向上。

松——生命力极强的常青树,象征意志坚强,坚贞不屈的品格,也是长寿的象征。

杨柳——杨柳姿态婀娜柔美,温婉多情,"柳""留"谐音,常用来写离情别意。

兰花——幽香清远,一枝在室,满屋飘香,象征高洁、清雅的品格。

水仙——冰肌玉骨,清秀优雅,称"凌波仙子",寓意吉祥,超凡脱俗。

菊花——凌霜盛开,一身傲骨,象征高尚坚强的情操。

莲花——"出淤泥而不染,濯清涟而不妖",莲花喻君子,象征圣洁。

芭蕉——直立高大,体态粗犷;蕉叶碧翠,玲珑入画。叶大宜听雨,"卧石听涛,满衫松色;开门看雨,一片蕉声"。《红楼梦》中贾探春自称"蕉下客"。

蔓草——蔓即蔓生植物的枝茎，滋长延伸、蔓蔓不断，人们寄予它茂盛、长久的吉祥寓意，蔓草纹在隋唐时期最为流行，后人称它为"唐草"。

沿阶草——叶如韭而更细长，性柔韧，丛生一团，色翠绿鲜润，"温柔敦厚朴素大方"，因汉代经学大师郑玄讲学著述时常采集草叶结绳捆书，又得名"书带草"。

（选自《纸上园林·中国教科院朝阳实验学校美术校本教材》）

诗意筑文心　土木皆有情
——中国传统建筑中的文化美单元设计

单元阐释

建筑中的文化美。梁思成说："建筑是一本石头的史书，它忠实地反映了一定社会之政治、经济、思想和文化。"中国传统建筑是中华民族生存智慧、工程技术、审美理念、社会伦理等文明成果的载体，客观、真实地反映着当时社会的政治、经济、文化和思想，蕴含着中华文明源远流长、生生不息的智慧，是中华文明的重要组成部分。

诗文与建筑。文化是建筑的灵魂，诗文是文化的重要文学载体。建筑与诗文的结合，为生活其中的人带来美感愉悦与启迪。本课程以部编版教材八年级上第五单元学习为起点进行学科实践探究，该单元所选的四篇课文中《中国石拱桥》《苏州园林》介绍的是中国古代建筑，作为学科实践校本课程，主题根据单元教学需要可以指向阅读、写作、文章、文化等。根据上述原则，选择"诗意筑文心　土木皆有情——中国传统建筑中的文化美"作为学科校本实践主题，梳理新课标要求背诵的古诗文中与建筑相关的若干篇目，适当拓展，加以分类整合，例如"轩榭寄幽情——园林之美"从《苏州园林》呈现的中国园林图画美的特点向外拓展，补充阅读材料，从画意到诗情，理解园林建筑中的文化之美。

▶ 走进语文——设计之美

内容结构

诗意筑文心　土木皆有情
——中国传统建筑中的文化美

一、轩榭寄幽情——园林之美

二、小园宜小立——庭院之美

三、绿树村边合——村舍之美

四、危楼高百尺——楼阁之美

五、寥落古行宫——宫室之美

六、禅房花木深——寺院之美

◎ 呈现方式

李吉林老师通过 30 年实践研究探索出："择美构境，以境生情，以情启智，情感与认知结合，引导儿童共在境中学、思、行、冶，促进素质全面发展的教育教学模式。"体现了在语文教学中情境的重要性。在本单元教学设计中，教师借助"设计云游手册"大任务和设计"微景观宣传页"微任务这一活动充分激发学生的内在动力，让学生主动阅读，调动起学生的自主学习意识。教师给学生提供可以自主、合作和探究的阅读氛围，尊重学生的阅读过程和思考过程。在"真实的语文情境"中做一些真实的语文活动，通过"语文活动"来达成阅读目的，提升阅读能力。

教学过程

一、明确本单元学习总任务——设计微景观云游手册；

二、梳理 2022 年义务教育课标中与建筑有关的古今诗文名篇，进行分类，确定探究主题；

三、分类探究，以诗文为载体，理解各类建筑中蕴含的中国传统文化，体会建筑呈现出的诗意美与人性美，领悟建筑中的文化之美。

四、总结梳理，完成微景观宣传手册

五、交流展示。

◎ 育人价值

以诗文为载体，以任务为引领，以品读探究领悟为学习路径，走进中国建筑，了解建筑中的文化美。理解中华优秀传统文化蕴含的核心思想理念、中华人文精神和传统美德，树立文化自信，增强自己作为中华民族一员的归属感和自豪感。

◎ 学情分析

新颁布的义务教育语文课程标准对7—9年级学段古诗文学习的要求有"诵读古代诗词，阅读浅易文言文，能借助注释和工具书理解基本内容。注重积累、感悟和运用。提高自己的欣赏品位。""注重理解中华优秀传统文化蕴含的核心思想理念、中华人文精神和传统美德，表达自己作为中华民族一员的归属感和自豪感。"

八年级的学生，思维活跃，记忆力好，活泼好动，对古诗文像《爱莲说》《陋室铭》《三峡》《记承天寺夜游》等都很感兴趣。教师应抓住学习契机，尽可能以学生喜欢的方式，消除学生与古诗文的隔膜，拉近学生与文本的距离。

初二年级的学生具备了一定的阅读能力，学生对传统文化中的建筑文化知识了解比较少，诗词文化底蕴不够。教师可以给学生提供更为丰富的阅读材料。学生有一定的古诗词积累，需要提升从浅味到深味的拼读能力，从单篇到多篇的整合能力，从语言到文化的领悟能力，这也正是本课程中学生的能力发展点。

▶ 走进语文——设计之美

单元学习目标

筛选课标必背篇目及现代文与建筑有关的诗文,适当拓展,深度品读,在对诗文的学习探究中了解中国建筑中蕴含的传统文化元素,深刻领悟中国建筑中呈现的文心之美、文化之美。培养学生的语言建构与审美体验能力,树立文化自信意识。

◎ **任务一**

盘点新课标中与建筑有关的诗文,分类整理,确立探究主题

◎ **任务二**

围绕主题分类阅读赏析,查阅资料,完成建筑微景观宣传页设计

(一)轩榭寄幽情——园林之美

(二)小园宜小立——庭院之美

(三)绿树村边合——村舍之美

(四)危楼高百尺——楼阁之美

(五)寥落古行宫——宫室之美

(六)禅房花木深——寺院之美

◎ **任务三**

梳理总结学习内容,完成云游手册

◎ **任务四**

交流成果,举办展览,体会建筑之文化美。

教学方法

1. 创设情境,任务驱动 2. 自主探究 3. 小组合作

学习评价：

一、评价目标

了解学生是否能够深入细致阅读文本，掌握彰显诗意美的方法，加以运用。

二、评价内容

校园微景观宣传页

三、评价方式及工具

1. 通过实际写作反馈学习情况。

2. 借助评价量表，对创作作品进行评价反馈。

3. 学生自评、互评与教师评价相结合。

微景观宣传页学生作品评价表

评价项目	自评	同伴评	老师评
1. 名字出自诗文，符合景观特点，灵动有趣味			
2. 介绍层次清晰			
3. 至少选一个角度引用化用一处古诗文。（名字、楹联、花木、意境等）			
4. 融入个人感受			
5. 语言优美流畅。			
修改建议			

▶ 走进语文——设计之美

单元作业设计

1. 梳理《2022义务教育课标》与建筑有关的诗文，诵读、归类。

2. 总结园林中的文化美元素，制作园林微景观宣传页。
3. 总结庭院中的文化美元素，制作庭院微景观宣传页。
4. 总结村舍中的文化美元素，制作村舍微景观宣传页。
5. 总结楼阁中的文化美元素，制作楼阁微景观宣传页。
6. 总结宫室中的文化美元素，制作宫室微景观宣传页。
7. 总结寺庙中的文化美元素，制作寺庙微景观宣传页
8. 梳理总结所学内容制作云游手册。

单元教学结构图

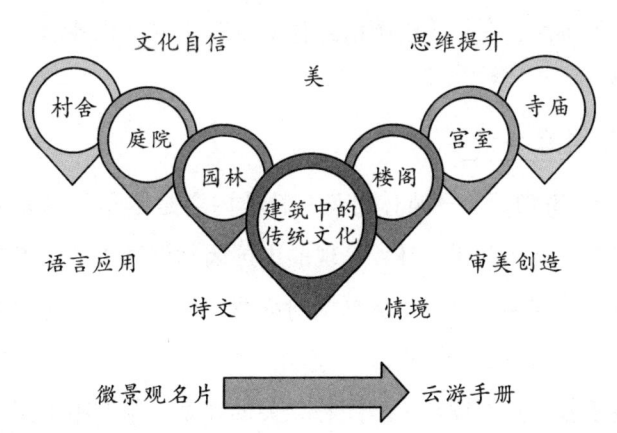

轩榭寄幽情——园林之美

学习目标

1. 阅读文本，了解并说出以苏州园林为代表的中国园林基本特点。

2. 拓展阅读，在探究中深入体会中国园林文化诗意之美，初步体悟艺术境界。

3. 读写结合，增进热爱祖国传统文化的感情。

学习重点：在阅读中调动积累，借助想象、完成微景观名片设计任务，深入体会中国园林的文化美。

学习难点：在品读中领悟园林微景观中的文化神韵与人的精神内涵

教学内容分析

"轩榭寄幽情——园林之美"教学内容是本学习单元的第一个微专题，从《苏州园林》呈现的中国园林图画美的特点向外拓展，补充诗文阅读材料，从画意到诗情，呈现园林文化之美。学生完成园林微景观宣传页。

情境任务：阅读与中国园林相关的文章，结合中国园林文化带给你的启发，为你心目中的"最美微景观"设计宣传页。

在情境任务推动下的诗文阅读以及微景观宣传页文字介绍，培养学生语言运用的能力；贯穿教学过程中的品读鉴赏、想象联想，培养学生的审美创造能力以及形象思维能力；园林文化的博大精深，士大夫的清逸洒脱，给学生带来心灵的洗涤，增加学生对于中国传统文化的喜爱与认同，提高学生的文化自信。

11月校园文化节即将到来，向同学们征集最美校园微景观作品。

要求：

1. 漫步校园，描画或拍摄下你最喜爱的校园微景观

2. 阅读与中国园林相关的文章，结合中国园林文化带给自己的启发，为心中的"最美校园微景观"设计图文并茂的宣传页。

学习者分析

八年级的学生，思维活跃，记忆力好，活泼好动，在前期的学习中接触了一些古文，像《爱莲说》《陋室铭》《三峡》《记承天寺夜游》等，都是古诗文中的奇珍，学生都很感兴趣。教师应抓住学习契机，尽可能以学生喜欢的方式，消除学生与传统文化的隔膜，拉近学生与文本的距离。所以，创设情境时努力贴近学生的生活和语文学习，消除情境任务与学生和阅读文本的隔膜。

画意	↔	诗情
讲究亭台轩榭的布局		诗意美
讲究假山池沼的配合		情感美
讲究花草树木的映衬		意境美
每个角落的构图美		文化内涵
门窗的图案美		情景交融
建筑的色彩美		……
……		

学习评价

优秀微景观宣传页的评价标准（入选标准）：

名字符合景观特点，灵动有趣味，有文化意味。

介绍

1. 层次清晰

2. 突出景观特点。

3. 至少选一个角度引用化用一处古诗文。（名字、楹联、花木、意境等）

4. 融入自己的感受

5. 有一到三句生动的描写。

发布任务时就把标准给学生，做到评价先行，有了评价标准就有了方向，可以帮助学生更快速准确地达成目标。

回眸·为文

梳理你的收获，设计"校园微景观"名片，向大家介绍你心目中最有诗情画意的校园微景观。

1. 名片包括名称、文字介绍。

2. 在校园自然景观的基础上融入古典诗文元素。（可从题名、楹联、花木、意境等方面体现）

3. 层次清晰、语言生动。

学习活动

◎ **任务一　寻芳·景园任务一**

预学准备：

查找资料，了解中国园林相关知识。

梳理自己最喜欢的诗词、古语警句。

寻找你最喜爱的校园微景观，用文字和图片记录下来，简要介绍。

阅读材料：

1. 《苏州园林》　　　　　　　　　　　　　　叶圣陶

2. 《中国诗文与中国园林艺术》节选　　　　　陈从周

3. 知识卡片　"园林中的楹联"

4. 园林名称及相关诗文举例

5. 花木文化

6. 跨媒介阅读资源《沧浪亭》

教师活动1：

布置预学，引导学生预学。回顾学过的课文、古诗词。贴近学生的生活创设一个设计微景观宣传页的情境。

学生活动1：

初步阅读文本，调动诗文积累，寻找校园微景观。学生以文本为依据，逐步体会中国园林文化的特点。能够理解老师给出的情境任务。

活动意图说明：

充分调动积累，为微景观写作奠定基础，激发学生进一步学习的兴趣。学生可能存在的问题是因文化类话题的陌生感，对任务的理解上会有一定的障碍。要求教师讲清楚要求,注意课堂互动的层次与深度。

◎ **任务二　探幽·文园**

介绍微景观宣传页初稿,说一说:你在设计时从阅读材料中得到哪些启发?你看到的中国园林具备怎样的特点?

预测:

具有图画美

讲究亭台轩榭的布局,讲究假山池沼的配合,讲究花草树木的映衬,讲究远景近景的层次。每个角落的构图美,门窗的图案美,建筑的色彩美。

具有文化内涵、诗意美。

教师活动 2:

引导学生回顾文本,分解细化任务,提升到诗意美、文化美。

结合阅读材料,概括中国园林特点,诗画之美(欣赏几个园林,沧浪亭)

学生活动 2:

介绍微景观宣传页初稿

阅读文本,筛选并整合信息,梳理园林特色

活动意图说明:

1. 考虑学情

学习的主体是学生,所以,在进行教学设计时充分考虑学生的接受能力、阅读现状等实际情况。在这一环节,从回读课文《苏州园林》开始,力图找到学生的阅读起点,把握学生对于园林文化的真实认知,在这个基础上拓展延伸,"凸显学生主体地位,关注学生个性化、多样化的学习和发展需求,增强课程适宜性。"

2. 尊重教材文本

主题与教材文本保持内在联系,相关相承,阅读资料是一组文章,以出自教材的这一篇为主,其他阅读资料在这篇文章基础上延展,增加深度,拓展广度,灵活选择。主题设置要建立在充分阅读理解和尊重教材文本的基础上。

根据上述原则,本课例选择"轩榭寄幽情——园林文化里的诗意美"作为研究主题。从园林图画美特点挖掘其诗意美特质,适度提升到园林文化,从画意到诗情到文心,领悟文化之美,艺术之境。

分享初稿,依据文本,说出依据。细致阅读,深入探究,进一步了解园林文化的特征,提升到文化层面,体会园林的诗意之美艺术之境。

调动想象积累,锤炼语言,再创作,体会园林文化中的文人雅趣。

请小组合作,依据文本,探究方法,调动积累,运用想象再创作,完成任务单。

研究园林命名为特点,你体会儿到怎样的文化内涵:

名字	内涵
勺园	闲意不在远小亭方丈间西檐竹梢上坐见太白山——白居易
个园	月映竹成千个字,霜高梅孕一身
小飞虹	飞虹眺秦河,泛雾弄轻弦

续表

沧浪亭	沧浪之水清兮，可以濯我缨；沧浪之水浊兮，可以濯我足
水流云在	水流心不竞，云在意俱迟

◎ 任务三 筑园·心园

教师活动3：

给出关键词，根据学生选择出示关键语段，与学生共品共悟。

关键词：形神、风味、小大、苔痕、老境、婉曲、虚实、石头、隐逸、动静、物与悟、听香、香影、性情莶蹄、融、安心、悟、沧浪亭、锄月轩

示例、支架，引导学生进入园林大观园，在文字品读中领悟意境文心

学生活动3

小组合作，阅读文本，说出依据，梳理总结。细致阅读，深入探究，进一步了解园林的特征，提升到文化层面，体会园林建筑的诗意之美。

调动想象积累，锤炼语言，再创作，体会园林文化中的文人雅趣。

活动意图说明：

义务教育语文课程实施从学生语文生活实际出发，创设丰富多样的学习情境，设计富有挑战性的学习任务，激发学生的好奇心、想象力、求知欲，促进学生自主、合作、探究学习；引导学生注重积累，勤于思考，乐于实践，勇于探索，养成良好的学习习惯；

本环节是教学的核心环节，给出关键词，注重在品读中领悟，学生悟得园林文化的特点，诗意境界，运用这些方法，加上想象联想，开始造一座心中的园林。

在真实情境下推动下进行深度阅读，完成阅读任务，从而提高学生分析、思考、探究、解决问题的能力，符合学生阅读认知规律

预设学生回答。

"义务教育语文课程培养的核心素养，是学生在积极的语文实践活动中积累、建构并在真实的语言运用情境中表现出来的，是文化自信和语言运用、思维能力、审美创造的综合体现。"

◎ **任务四 展示·悟园**

孔子的精神、老庄的灵魂、陶潜的神韵、李白的飘逸，流连于山峦池塘，盘桓于云烟彩霞，穿行于松涛雨声之中。中国古典园林中的山光潭影、草木虫鱼、亭榭轩廊，都浸泡在中华传统文化中，必须亲自体验方知其醇香。

筑文如筑园，让我们再次走进文字，去发现园林文化之美。

请梳理你的品悟，模仿诗意园林片段，再次修改你心目中的校园微景观宣传页，注意层次清晰，语言生动，增加文化意蕴。

学生创作，小组交流。作品展示。

教师活动4

给出示例

强调宣传页入选标准（评价）

1. 包括名称、文字介绍。

2. 展开联想想象，在自然景观的基础上融入古典诗文元素。（可从题名、楹联、花木、意境等方面体现）

3. 层次清晰、语言生动。

学生展示：

总结收获：

学生活动4

完整梳理，生动表达，形成文字。形成微景观图片进行展示。

设计意图：在阅读基础上完成写作任务，实现基于情景的主题阅读，做到读写结合。考虑学生特点，降低难度，从不同角度给出示例，学生模仿借鉴，完成自己的宣传页设计任务。筑文如筑园，再次走进文字，去发现园林文化之美。

结语：嘉木山水蕴诗意，小园轩榭寄幽情。愿每位同学的心中都有一座属于自己的中国园林，那里绿意葱茏，诗意芬芳。当我们在尘世间感觉到浮躁与喧嚣，让我们到那座属于自己的心园，让心灵栖息，乘一叶扁舟，让性情做一次远游。

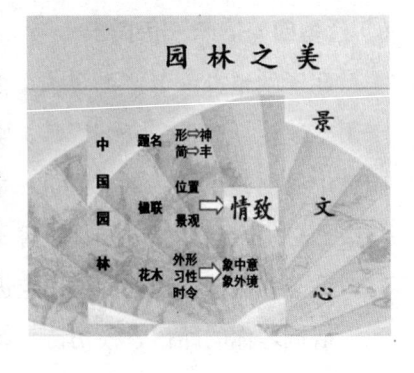

▶ 走进语文——设计之美

作业设计

1. 为班级微景观宣传册写卷首语，突出文化底蕴。（200字左右）

2. 推荐阅读：朱良志《曲院风荷》

改进与反思：

1. 播放沧浪亭视频前可以给学生提出一两个问题，让学生带着问题看，会更容易集中精力观看和思考；

2. 给学生的诗词素材可以根据学生接受情况进行分类分层；

3. 要形成图文并茂的微景观宣传名片；

4. 学生的作品可以通过网络进行云展示，立体呈现。

教学反思

景园·文园·心园

——《轩榭寄幽情——园林之美》进阶式任务设计

《轩榭寄幽情——园林之美》教学设计的灵感源自"基于《苏州园林》的单元教学"设计，在其基础上作了较大的改进。

寻芳·景园

◎ **任务一** 寻找发现校园美景，用课内学到的方法描写这一美景。

学生仔细观察，描绘景色，运用各类写作方法描绘自己眼中的校园。例如校园里的小世界，校园里的柿子树，学生的观察与感受是最直观的，看到什么写什么，以文字再现出一个色彩斑斓的景园。

探幽·文园

　　学生借助学过的古诗文从题名、楹联、花木等角度,为校园微景观增加文化元素,丰富校园的文化底蕴,形成文化名片。

　　教师为学生提供丰富的资源,以此引导学生了解中国园林博大精深的文化内涵。学生学习了解到中国园林的题名、花木、楹联等特点,尝试为自己描写的景观加入文化符号,比如一位学生取"天光云影共徘徊"诗句,将校园的小池塘命名为"云影";取韦处厚"夹岸凝清素,交枝漾浅沦"将校园里的小亭子命名为素清亭……

筑园·心园

　　学生通过阅读助读资料,打开一个个文化盲盒,领悟中国传统文化的心神,为自己心目中的最美校园微景观设计宣传页。文化盲盒的内容均取自朱良志先生《曲院风荷》,撷取了书中对传统文化中形与神、虚与实、大与小、物与悟等的精妙解读,出发点是与学生一起边读边悟,不求入木三分,但求有所领悟,触碰到学生的心弦,激发起学生对传统文化殿堂进行探索的好奇心与创作欲,有学生说自己的内心瞬间被什么击中了,这正是读与悟的真境界。

　　该设计的特色是:

　　首先更加注重传统文化的浸润。最大的亮点是引进了朱良志先生的《曲园听荷》,从中选择了19个关键词,以类似于开盲盒的方式引领学生品读感悟中国传统文化的神韵,在不断领悟的基础上去筑一座心园。

其次是突出学生主体地位，增强了教学设计的层次感。学生的起点是绘一个景园，以他们在校园中发现的景物为描写对象，运用在课本上学到的方法，进行细致生动的描写，我们看到学生的发现是丰富多彩的，有柿子树、竹林、小池、白杨、紫丁香、长廊等，描写中饱含了对校园的热爱。学生的发展是运用在园林文化中看到的文化元素筑一座文园，比如起一个富有诗意的名字，写一副符合意境的对联，种植一些堪称传统文化符号的花木等，从单纯的自然景观升华到浓郁的文化场域，学生也初步理解中国传统文化中的文心。第三个层次是心园，阅读《曲院风荷》，领悟文化深意，用自己的心去筑一座真正属于自己的园。这样的设计在实际教学中收到了非常好的效果。

宋景田老师赋诗一首给予《轩榭寄幽情——园林之美》高度评价。

> 校园文化节日兴，寻芳胜景遍迹踪。
> 园林校园我热爱，柿树伫立情由生。
> 微景设计出心裁，最美景观大家评。
> 溯源苑囿三千年，中国园林世界先。
> 神韵传承多俊逸，北方园林繁京华。
> 尔雅乐美赏意景，诗字画文一体新。
> 小园轩榭育芬芬，文化育才美心灵。
> 中华园林放异彩，月桂静悟飘香远！

大自然的语言
——事理说明文读写结合单元设计

教材分析

义务教育《语文课程标准》（2011年版）规定：阅读科技作品，注意领会作品中所体现的科学精神和科学思想方法。学习本单元应注意理清文章的说明顺序，筛选主要信息，读懂文章阐述的事理；应通过筛选主要信息，理清文章的说明顺序，学习分析推理的基本方法，善于发现问题、思考问题、质疑问题、养成科学探究的习惯。

单元教学设计

内容结构

```
                    事理说明文的读写结合
                    ↙              ↘
            事理说明文阅读        事理说明文写作
                    ↓   读写衔接   ↓
```

阅读资料：
1. 课例：《大自然的语言》、《阿西莫夫短文两篇》、《大雁归来》、《时间的脚印》
2. 补充文章：《沙漠里的奇怪现象》、《花儿为什么这样红》、《我们的知识是有限的》
3. 补充书目：《沙乡年鉴》

读写衔接：
1. 学习本单元课文，理清说明顺序，把握事理特征。
2. 赏析说明文语言的艺术性和知识性，运用到习作中。
3. 制定事理说明文评价标准。

写作实践：
1. 写作初阶：寒假期间，每位同学选择一处建筑（公园、园林……）通过查阅资料、实地观察等方式，运用课堂上学到的说明文知识，写出不少于500字的文字介绍。
2. 写作进阶：请同学们根据自己在说明建筑（园林、公园等）的过程中发现的事理，运用学习到的事理说明文知识，说明事理，做到逻辑严密，推理严谨，阐释生动。

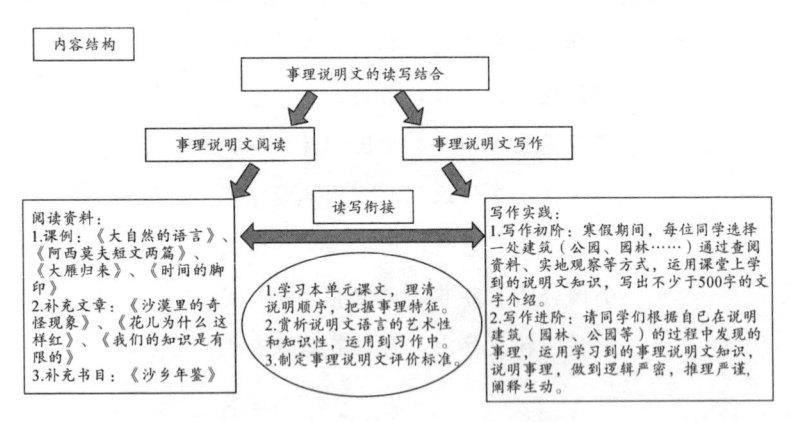

1. 说明文的学习从小学到初中一直贯穿始终。八年级上我们已经学习过《苏州园林》《中国石拱桥》等事物说明文，通过本

单元教学，进行事物说明文和事理说明文的衔接，使学生能够区分二者的区别与联系，进一步深入领会事理说明文的特点。

作业是课堂的延伸，真实的生活情景是语文学习的补充，本单元的学习以三个活动为总领，围绕单元学习目标和重难点分解学习任务，在任务的驱动下达成学习目标。

2. 本单元阐述的现象背后都蕴含着一定的科学道理，学习阐释事理的说明文，要注意理清文章的说明顺序，筛选主要信息，提高语文核心素养。

3. 本单元的活动，紧紧围绕"科学思考方法"这一核心，引导学生深入理解。通过细致观察、认真记录、掌握科学事实，激发科学探究的兴趣。

学情分析

优势：

1. 本单元都是阐释事理的说明文，由自然现象入手，层层分析，逻辑严密，易于激发学生的学习兴趣；

2. 通过小学、初中不断的学习，学生已经对说明文有了一定的认识和了解；

3. 本单元文章语言生动形象、通俗易懂。

劣势：

1. 学生对筛选主要信息、理清说明顺序的关键方法还不熟练。

学生对生活缺乏细致的观察和记录，推理验证等思维能力有待加强。

走进诗文

单元学习目标

1. 理清文章的说明顺序，筛选主要信息，读懂文章阐述的事理。

2. 学习分析、推理，初步了解科学探索的方法。

3. 根据事理说明文特征，安排合适的说明顺序，完成事理说明文写作。

4. 激发探究科学和大自然的兴趣，培养尊重自然、自主思考的品格。

单元学习重点难点

重点：理清文章的说明顺序，筛选主要信息，读懂文章阐述的事理。

难点：理解事理说明文的特点，学会说明事理。

单元活动概述

一、单元概述

1. 讲授本单元的学习任务、学习目标、重难点及评价标准

2. 活动设计：

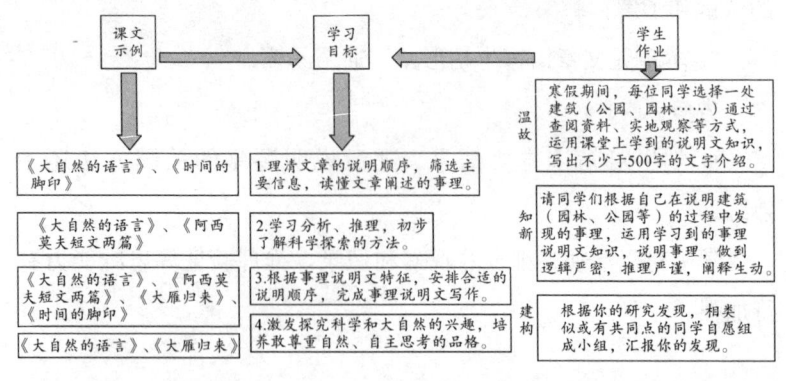

课文示例	学习目标	学生作业
《大自然的语言》、《时间的脚印》	1.理清文章的说明顺序，筛选主要信息，读懂文章阐述的事理。	温故：寒假期间，每位同学选择一处建筑（公园、园林……）通过查阅资料、实地观察等方式，运用课堂上学到的说明文知识，写出不少于500字的文字介绍。
《大自然的语言》、《阿西莫夫短文两篇》	2.学习分析、推理，初步了解科学探索的方法。	知新：请同学们根据自己在说明建筑（园林、公园）等的过程中发现的事理，运用学习到的事理说明文知识，说明事理，做到逻辑严密，推理严谨，阐释生动。
《大自然的语言》、《阿西莫夫短文两篇》、《大雁归来》、《时间的脚印》	3.根据事理说明文特征，安排合适的说明顺序，完成事理说明文写作。	建构：根据你的研究发现，相类似或有共同点的同学自愿组成小组，汇报你的发现。
《大自然的语言》、《大雁归来》	4.激发探究科学和大自然的兴趣，培养尊重自然、自主思考的品格。	

"庆冬奥游北京——我身边的建筑（园林、公园）"系列展评

活动：

活动一：请每位同学选择一处建筑（公园、园林……）用假期时间查阅资料、实地观察、拍照（提倡拍摄小视频介绍），运用课堂上学到的事物说明文知识，写出不少于500字的文字介绍，形成自己的视频展示作品，每个视频5分钟以内。同时提交文字材料（文字说明配插图），选择优秀作品年级公众号展示。

活动二：请同学们根据自己在说明建筑（园林、公园等）的过程中发现的事理，运用学习到的事理说明文知识，说明事理，做到逻辑严密，推理严谨，阐释生动。

活动三：根据自己的兴趣，选择小组，对你发现的事理进行小组汇报，要求分工合理，思路清晰严密。

简案：

逻辑的严密（一）——大自然的语言

学习目标

1. 理解课文主要内容，和其中阐释的事理。
2. 筛选主要信息，理清文章说明顺序。

学习重点：筛选主要信息，理清文章说明顺序。

学习难点：学会筛选主要信息并梳理文章说明顺序。

学生活动

◎ **任务一　预习作业讲评**

（一）预习作业

1. 小试牛刀：通读全文，读准字音，理解词语（选做）
2. 沙场练兵：读完课文后你有哪些疑问？（必做）

3. 登高望远：说一说你观察到的物候现象（选做）

设计意图：

通过讲评作业，进一步检验学生学习目标的掌握情况，设计有针对性的学习任务。

（二）作业反馈

◎ 任务二　讲授新课

（一）导入

（播放冬奥会开幕式 24 节气倒计时短片）

冬奥会开幕式上二十四节气倒计时短片在世界引起强烈反响，大自然神奇的语言再一次激发了人们深入探索的热情，今天，今天我们一起阅读我国气象学家、地理学家竺可桢先生写的一篇有关物候学知识的文章——《大自然的语言》。通过这篇文章，走进一种新的说明文文体，领会神奇的自然语言。

设计意图： 本环节通过冬奥会二十四节气倒计时短片，引出课文内容，有利于激发学生的学习积极性。

（二）初读课文，自主归纳内容

1. 速读课文，提取主要信息（抢答）

2. 划分段落层次，理清文章内容

3. 小组间交流，小组代表全班交流，其余同学评价。

（三）再读课文，理清文章说明顺序

1. 了解常见的说明顺序

2. 概括本文使用的说明顺序

3 试着用自己的话概括本文使用的说明顺序

设计意图： 本环节引导学生一边梳理内容，一边注意作者是如何扣住说明对象的特点来展开说明的。通过对信息进行筛选，加强学生对文章的整体感知,从而提高学生的信息筛选和归纳能力。

◎ **任务三　总结方法**

如何理清文章的说明顺序?

1. 筛选关键信息

(关注题目、中心句、总起句、总结句等)

2. 划分层次段落

(概括段意、分类建构等)

设计意图:初步总结理清文章说明顺序的方法,形成对事理说明文的初步认识。

布置作业

小试牛刀:完成作业单(分层详见学习单)

沙场练兵:通读全文,用思维导图的形式理清文章说明顺序。(必做)

设计意图:围绕本课学习目标设置分层作业,增强学生完成作业的自主性和主动性,实现教－学－评一体化。

逻辑的严密(二)——大自然的语言

学习目标

1. 联系旧知比较阅读,感知并归纳事理说明文的特点。

2. 梳理总结文章内在逻辑,初步感知事理说明文说明"事理"的严密性。

3. 培养学生发现问题、思考问题、质疑问难、自主探究的思维品质,激发学生科学探究的兴趣。

学习重点：感知并归纳事理说明文的特点。

学习难点：初步感知事理说明文说明"事理"的严密性。

学生活动

◎ **任务一　理清思路，整体感知逻辑的严密**

1. 通读课文，用你喜欢的方式画出文章结构图。（参照评价表学生互评）

2. 文章几部分的顺序能否调整？请说出理由

设计意图：梳理、讲评作业，理清文章说明思路，整体感知事理说明文逻辑的严密。

◎ **任务二　再读文本，细致感知逻辑的严密**

1. 默读课文，你还发现哪些地方有严密的逻辑？

预设1：第1—3段先写四季物候变化；再写自然现象同气候的关系据以安排农事；最后引出物候和物候学。（这里主要采用了由现象到本质的逻辑顺序。）

预设2：第7—10段，说明了物候现象来临的决定因素分别是纬度、经度'高下和古今的差异。（这里主要采用的了由主要到次要的逻辑顺序。）

2. 小组实操：请给下列句子排序并说明理由（勾画关键词）

④如大连纬度在北京以南约1°，但是在大连，连翘和榆叶梅的盛开都比北京要迟一个星期。

②经度的差异是影响物候的第二个因素。

①凡是近海的地方，比同纬度的内陆，冬天温和，春天反而寒冷。

⑤两地纬度相差无几，但烟台靠海，春天便来得迟了。

⑥所以沿海地区的春天的来临比内陆要迟若干天。

③又如济南苹果开花在四月中或谷雨节，烟台要到立夏。（这里主要采用了从概括到具体的逻辑顺序。）

3.通过上面的学习梳理，我发现：

_____

设计意图：鼓励学生在活动中自主归纳，进一步探索发现、细致感知事理说明文逻辑的严密性。

◎ **任务三　课外延伸，深入理解逻辑的严密**

阅读下面文章，给段落排序并补全横线上的话。

（详见作业单）

设计意图：联系旧知比较阅读，感知并归纳事理说明文的特点。

◎ **任务四　实践运用，激发科学探究的兴趣**

年级举行了"庆冬奥游北京"的活动，在游览和观察的过程中，你产生了什么疑惑（或问题）

请用一句话表达：_____？

设计意图：衔接"庆冬奥游北京"实践活动，激发学生思考问题、质疑问难、科学探究的兴趣。

课后任务

基础作业：阅读微信截图，结合文章内容思考为什么早春时节，北京玉兰花已经开了，但大连气温还很低？（A层选做，B层必做。要求：逻辑严密，条理清晰）

巩固作业：请同学们根据自己在说明建筑（园林、公园等）的过程中产生的问题，运用学习到的事理说明文知识，探究问题、尝试解决问题，列出你的写作提纲。（必做）

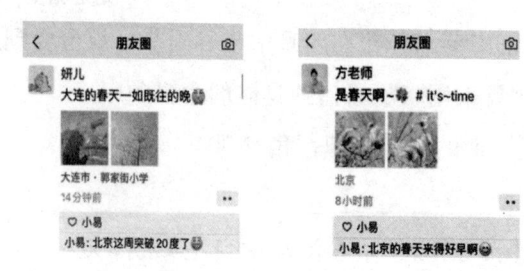

拓展作业：阅读《阿西莫夫短文两篇》《花儿为什么这样红》，想一想，还能用怎样的顺序说明事理？

（A层必做，B层选做）

设计意图：依据本课学习目标和重难点，把作业分为基础作业、巩固作业和拓展作业，不仅巩固新知识，同时还激发学生探究科学的兴趣，为后面进一步学习事理说明文打下基础。

逻辑的推理（一）——《恐龙无处不有》

学习目标

1. 梳理文章内在逻辑关系，体会事理说明文特点。
2. 把握文章阐述的事理，激发爱好科学，主动探索的精神。

学习重点：梳理文章内在逻辑关系，体会事理说明文特点。

学习难点：能概括出逻辑推理的过程，掌握事理说明逻辑推理的方法。

学习活动

◎ **任务一　初读课文，整体感知**

速读课文《恐龙无处不有》，快速准确地筛选信息，理清文章内容，回答下面的两个问题：

（1）这篇文章主要阐述了什么问题？下列哪个可以作为答

案?为什么?

①不同科学领域之间是紧密相连的。在一个科学领域的发现肯定会对其他领域产生影响。

②这些古老的爬行动物在南极的出现,说明恐龙确实遍布于世界各地。

③恐龙如何能在南极地区生存呢?

④是大陆在漂移而不是恐龙自己在迁移。

⑤南极洲恐龙化石的发现,为支持地壳在进行缓慢但又不可抗拒的运动这一理论提供了另一个强有力的证据。

(2)文章中选用了哪些材料来印证所阐述的问题?

(自由读课文,筛选信息,比较分析作答)

设计意图:本环节引导学生一边梳理内容,一边注意作者是如何扣住说明对象的特点来进行说明的。帮助学生在整体感知筛选信息的基础上,提高信息筛选和归纳能力。

◎ **任务二 再读课文,梳理结构**

1. 自读课文,给文章分层并概括各部分主要内容。

2. 讨论:默读课文,梳理作者的推理过程

(先独立完成,再小组讨论)

设计意图:本环节引导学生梳理文章思路,逐步分析材料,然后根据对材料之间关系的不同解读,获得对逻辑顺序的认识,学习逻辑顺序,理解事理说明文的特点。

◎ **任务三 总结全文,梳理方法**

1. 你学到了怎样的逻辑推理过程。

2. 请为本文的科学观点补充一个例子。

科学观点:"不同学科领域之间是紧密相连的。在一个科学

领域的发现肯定会对其他领域产生影响。"

设计意图：本环节重在学习并践行作者善于联系的思维方法，在看似风马牛不相及的两种事物间寻找内在联系，这是思维创新的重要特征，也是开展研究的必要前提。本环节从课内延伸到课外，开拓学生认知思维，提高科学素养。

布置作业：

小试牛刀：完成作业单（选做）

沙场练兵：尝试用本节课学习的方法概括《被压扁的沙子》写作逻辑。（必做）

登高望远：查阅资料，你认为恐龙灭绝的原因还可能是？搜集资料，验证你的猜想并条理清晰地阐述你的观点。

逻辑的推理（二）——《被压扁的沙子》

学习目标

1. 自主梳理文章内在的逻辑顺序，体会事理说明文特点。

2. 激发科学探究的兴趣，培养敢于质疑问难、自主思考的品格。

学习重点：自主梳理文章内在的逻辑顺序，体会事理说明文特点。

学习难点：运用所学的方法，自主梳理文章内在的逻辑顺序。

◎ **任务一 讲评作业，整体感知**

学生快速自读课文，初步了解课文内容，修改完善昨天的作业。

▶走进语文——设计之美

设计意图：本环节意在通过作业展示，督促学生主动探索，同时引出本节课的学习主题，为学生深入理解本文材料与观点间的关系奠定基础。

◎ **任务二　自主阅读，运用知识**

1. 明确学习任务

师：让我们一起来回顾学习《恐龙无处不有》的方法，明确学习任务。

（师生一起讨论归纳后，明确任务）

自读任务：

（1）初读课文，理清文章主要内容；

（2）再读课文，梳理文章的逻辑思路；

（3）深入阅读，分析文章涉及了哪些领域，是如何关联的。

阅读方法：圈点勾画，做好批注，归纳总结。

（1）学生自读课文，圈点勾画，批注总结。

（2）学生交流方法和结论，教师指导。

（3）每个自读任务指定 2—3 人展示阅读成果，示范性地引导学生深入阅读。

◎ **任务三　速读课文，比较阅读**

阅读全文，思考并讨论：

1. 两篇短文各自要说明的内容是什么？

2. 两篇短文都谈到了恐龙的灭绝，但说明的角度不同，试比较。

设计意图：通过对这两篇短文的比较阅读，引导学生整体感知，进一步挖掘文章的内容，激发学生对科学世界的兴趣，培养他们主动探究科学的精神。

布置作业：

小试牛刀：完成作业单（选做）

沙场练兵：围绕你所说明的事理进行逻辑推理，写出推理过程。（必做）

登高望远：对比两篇课文，你发现了哪些相同、不同之处，完成表格。（选做）

篇目	恐龙无处不有	被压扁的沙子
说明对象		
说明角度		
说明思路		

理性美与艺术美——《大雁归来》

学习目标

1. 把握文章内容，理解说明顺序。

2. 品味本文知识性、形象性、抒情性完美结合的写法，提高鉴赏能力。

3. 感受作者情怀，激发学生热爱自然，保护自然的情感。

学习重点：品味本文知识性、形象性、抒情性完美结合的特点。

学习难点：初步体会作者兼顾说理与艺术的语言特点。

情境任务：小组合作，完成大雁图鉴

◎ **任务一　初读课文，感知理性美**

1. 自读课文，圈点批注，说说

你读出了_____的大雁。

预设：欢乐、热闹、孤单……

2. 作者从孤单的大雁得出了什么结论？作者是怎么观察、推测、分析的？（关注旁批）

预设：发现、观察现象，注意共性，得出结论，经过反复、长时间研究、验证结论。

设计意图：本环节学生自主阅读，获取信息，把握文章写作的顺序；然后整合归纳信息，进而激发学生探讨大雁的兴趣，为后面深入阅读做铺垫。

◎ **任务二　再读课文，体会艺术美**

通过以上的学习，我们感受到了事理说明文的理性之美。除了理性之美，还有艺术之美。

请大家再读课文，圈点批注，说一说你体会到的艺术美。

设计意图：本环节引导学生感悟作者对大雁的喜爱之情，体会作者平等对待自然界生命的情怀，激发对自然的爱。在研读品味文章的基础上，加深学生对课文内容的理解；鼓励学生发表有创意的见解；尊重学生独特的阅读体验，使学生对文章的语言特色有具体的认识，感受语言文字的魅力，提高学生的审美能力和赏析能力。

◎ **任务三　小组合作，制作大雁图鉴并展示**

布置作业：

小试牛刀：完成作业单（选做）

沙场练兵：本课语言兼具艺术性与知识性，学习本文语言特点，围绕你所说明的事理，撰写一个片段。（必做）

登高望远：阅读《沙乡年鉴》，体会说明文语言兼顾说理与艺术的特点）写下你的感悟。

设计意图：本环节旨在通过延伸性的阅读活动，将学生感悟到的对自然的情感进一步内化，通过课外活动，延伸学生学习空间，激发学生探索精神。

单句成段层次美——《时间的脚印》

学习目标

1. 理清文章的思路，弄清说明的层次，体会本文单句成段的作用。

2. 学会用辩证的观点看问题，培养学生的探索意识和科学精神。

学习重点：理清文章的思路，弄清说明的层次，体会本文单句成段的作用。

学习难点：体会本文单句成段的作用。

导入：看到题目，你有什么问题或疑惑？

设计意图：本环节从文章的题目《时间的脚印》入手，引出岩石记录时间的话题，以引起学生的探究欲望和阅读兴趣。

◎ **任务一　关注单句成段，把握文章内容**

1. 请同学们迅速扫读课文，说说本文在形式上有什么特点。（明确：有不少单句成段）

2. 根据对单句成段句子的分析，梳理文章各部分内容的关系，理清文章的说明顺序。（生分小组探讨，批注，然后交流回答）

3. 根据前面内容的整理，说说本文的主体部分的逻辑关系。

任选一个角度阐述理由即可。

（生分小组探讨，批注，然后交流回答）

设计意图：本环节从三个层面推进，逐层深入。从关键句段，到课文结构，再到内部逻辑关系，逐步细化，引导学生深入有序地阅读文本，提高学生阅读能力。

◎ **任务二　赏析语言，品味写法**

本文的语言跟《大雁归来》一文相似，也很有特点，既准确、精练，又生动、形象。文中有很多语句耐人寻味，形象、幽默、含蓄是它们的共同特点。你能找出几句分析一下吗？

（1）找出文中能体现文章语言准确、精练，又生动、形象的句子，并分析。（生分小组探讨，批注，然后交流回答）

（2）赏析下面的句子，说说这些词语在表达作者的意图方面的作用。

①时间是没有脚的。

②真的有"海枯石烂"的时候。

③当然我们也不能忘掉人的作用。

（生分小组探讨，批注，然后交流回答）

本环节通过品析语言，体会说明文语言的特点，进一步理解课文用词。本环节从用词的准确性和生动性及用词用意两个角度来探讨，提升学生品析语言的能力。

◎ **任务三　明确中心，感受科学精神**

岩石记录时间的重要方式是它保存了许多的历史痕迹，请阅读第22到29段并分组讨论，说说岩石保存了哪些历史痕迹，它对人类有着怎样的意义，你从中得到了哪些启示。

布置作业：

小试牛刀：完成作业单（选做）

沙场练兵：1梳理事理说明文特点，形成自己的事理说明文知识宝库。

2,运用单句成段的写法，修改你上节课完成的事理说明文片段。

登高望远：阅读《沙乡年鉴》，体会作者对自然的尊重及人与自然关系的思考，写下你的感悟。

设计意图： 本环节旨在通过延伸性的探究活动，理解课文内容。通过课外活动，延伸学生学习空间，激发学生探索精神。

"庆冬奥游北京"事理说明文写作

学习目标

根据事理说明文特征，安排合适的说明顺序，完成事理说明文写作。

学习重点： 根据事理说明文特征，安排合适的说明顺序，完成事理说明文写作。

学习难点： 安排合适的说明顺序，完成事理说明文写作。

◎ **任务一　展示事理说明文写作知识宝库**

1. 小组内交流展示，互相补充

2. 全班交流

◎ **任务二　完成习作**

设计意图： 总结梳理本单元学习的事理说明文知识，完成事理说明文习作。

▶ 走进语文——设计之美

展示交流

根据自己的兴趣，选择小组，对你发现的事理进行小组汇报，要求分工合理，思路清晰严密。

年级公众号展示

设计意图：通过小组合作，进一步启发学生学习分析、推理，初步了解科学探索的方法，培养敢尊重自然、自主思考的品格。

教学反思

本单元教学设计，紧紧围绕"逻辑"这一关键词展开，重在引导学生体会事理说明文"逻辑的严密"（以《大自然的语言》为例），"逻辑的推理"（以《阿西莫夫短文两篇》为例），"理性美与艺术美"（以《大雁归来》为例），"单句成段层次美"（以《时间的脚印》为例）。在活动中感受、体会、理解事理说明文说明事理的方法，在读写结合中尝试运用所学知识撰写说明文。

同时承接八年级上册事物说明文作为回顾，为接下来学习本单元事理说明文打下良好的基础，以项目为驱动，以活动为依托，既能纵向形成知识网络，又能横向拓宽学生知识面。

教学本单元课文，紧紧围绕"科学思考方法"这一核心，引导学生自主筛选主要信息、理清说明顺序、学习分析推理、理解文章阐述的事理、激发科学探究的兴趣等。同时，引导学生进一步把握说明文的特点，体会事理说明文与事物说明文的不同之处，进而体会文章是如何把科学事实和科学道理写得生动活泼、引人入胜的，在获得美感的同时更好地理解说明文的写法。

结束本单元的学习，我们备课组成员收获了很多。首先，改变了学生、教师对说明文单调、枯燥、不生动的刻板印象。课堂上，学生的注意力都集中在所讲内容中，并且调动了学生学习的积极性。在细致体会事理说明文特点的同时，重点品味了说明文语言生动、形象的特点，在理性与感性之间进行了巧妙结合。

但本单元的教学设计在启发学生深入探究、质疑时还存在一些不足：如影响物候现象还有其他因素吗？还有哪些现象表明恐龙灭绝于撞击说？你能找到支持火山说的证据吗……？另外，在课外阅读、对比阅读方面还存在一些不足，没有给学生留有足够的时间和精力进行拓展，今后还应该在此方面进一步完善和修正。

专家点评

这一教学案例依据课标对说明文学习的要求，抓住事理说明文逻辑严密这一突出特点，把事物说明文和事理说明文学习进行整合，总结运用事物说明文的知识，推进、落实事理说明文学习，学生在事物说明文学习后完成的作业成为事理说明文学习中最鲜活有力的材料，事理说明文学习后又形成大量事理说明文的优秀作业。该案例主题鲜明，目标明确，在大概念统领下创设情境，设置连贯性的任务，解决了语文学科事理说明文学习中的突出问题，有助于培养学生逻辑思维，提升核心素养。该案例教学方法得当，教学手段合理，注重学生活动实践探究。尤其是"庆冬奥，游北京"这个活动，打通了事物说明文和事理说明文的联系，极大地调动了学生学习探究的积极性，作业贯穿课堂始终，做到了作业与课堂的相互融合，有连贯性。该案例具有借鉴意义和教学示范价值，对语文学科单元整体教学具有启发意义。

北京市教科院　王彤彦

附：学生作品

背街小巷"靓"起来

背街小巷是那些隐蔽的、狭窄的小道。它们隶属于城市环境规划的一部分，可因缺乏治理，它们逐渐变得脏乱差。如何让背街小巷"靓"起来，成为了环境整改的重中之重。

首先，是改变地区生活模式。

望京小街是位于两大商业综合体之间的街道，它面临转型和更新的挑战。北京市朝阳区委员将它列入重点街巷整改，在多个方面创新，形成望京模式。就好比一道单一的菜品，要进行创新，加入新的调味料，形成新的平衡。望京小街也就注重于综合整治，在品位和功能方面有新的提升。望京小街从一条普通的街道变为了集办公、购物、休闲、艺术……于一体的便民国际化新型街道。

其次，就是生态体系的整治。

亮马河北侧滨河路由于绿化的封闭，存在了私搭乱建等问题。建立新水平台，生态整改成为它的挑战。共建人类生命共同体广场，实现建筑物－绿地－水岸的转变，并将道路铺平，优化绿化，成功成为网红打卡地。

再有，是社区运营模式的强化。

小关村高原街北起北四环东路，全长 607 米，改造前的高原街道路狭窄，占用人行道，混乱停车，垃圾乱"跑"。经过调研与资源调动，全面完善基础设施，修地埋式垃圾桶等．甚至将道路两侧改为了垃圾分类文化宣传墙。从宣传与实践开始，开展垃圾分类有关活动，打造了和谐宜居的美丽社区。

多个背街小巷被整改，深入挖掘整治难点痛点．透过现象看本质，切实研究解决问题，认真推进收官整治工作，强化日常环卫保洁和秩序管理，确保长效运营颁布有《关于本区小巷环境精细化整治提升方案》

从多方面入手，改变综合环境，也是背街小巷"靓"起来的重要意义。

作者：八一班李安松　指导教师：崔桂静

永远的"雪飞天"

在刚过去不久的北京冬奥会中,大跳台比赛吸引了诸多人的眼球,而这场赛事的比赛场地,就是坐落于首钢旧工业园区的首钢滑雪大跳台,但它有个更广为人知的外号,叫"雪飞天"。

据冬奥组委会所说:"这是世界上首个永久性的大跳台场地。"而我们除了关注充满激情的比赛过程和运动员挑战极限的表现,我们有没有想过,"雪飞天"成为世界上首个永久性的大跳台场地,凭的是什么?

首先是建筑材料。"雪飞天"主体为钢构架,同时,还设计选用高强度钢、耐候钢等以增加其硬度。其主体结构的高强度钢用量占比甚至达到了惊人的99.95%。因此,比起其他临时搭建的场地,"雪飞天"更能禁得住风吹雨打和时间的消磨。

利用率的差异是第二个因素。"雪飞天"的赛道曲面设计异常巧妙，仅需在大斜面上加装小跳台即可实现赛道快速转换，进而满足不同赛事需求。再加上"雪飞天"集安全系数高，坡面平顺细腻等优点于一身，大大小小的比赛承办方都因相中了"雪飞天"安全性、实用性的特点而选择在此举行赛事。因此，比起其他临时搭建的场地，"雪飞天"更受比赛承办方的青睐，自然要永久保留。

办奥理念的差异是第三个因素。这次的冬奥会上上下下都讲究"节俭"二字，因此，比赛场地是不允许建了拆拆了建的。同时，"雪飞天"还可作为日常训练基地或主题公园等设施，其优秀的设计也为城市增添了一道靓丽的风景线。因此，比起其他临时搭建的场地，"雪飞天"不仅完美贯彻了办奥理念，更为城市和人民谋了福利，又有什么理由不永久保留呢？

此时此刻，"雪飞天"已不再是一座单纯的比赛场地，而更像是一位功名赫赫的伟人。他帮助我国提高了国际地位，他帮助我国践行了可持续发展和节俭办奥的理念，他更帮助我国闪耀了中国智慧和中国科技之光！

"时过境不迁"。"雪飞天"的永久性，带给我们的，还要丰富得多呢，这里才刚刚拉开了帷幕的一角而已。现在是，以后也会是，"雪飞天"将永远伫立于泱泱大国的土地上，永远闪耀着璀璨的光辉！

作者：八一班　许文扬　指导教师：崔桂静

水立方的"大泡泡"与神奇的"膜"

水立方是我国国家游泳中心,位于北京奥林匹克森林公园内,它的外形就像一个蓝色长方体。每当我们从它旁边经过或是看到它的图片时,都会被水立方外壳上一个个透明的、呈不规则多边形形状的"泡泡"所吸引。

这些"泡泡"到底是什么?它们到底有什么作用呢?

经过查阅资料,我得知这些泡泡就是由 ETFE 膜加工构成的。所谓 ETFE 膜其实是一种透明建筑结构中品质优越的替代材料,它是由一种人工高强度氟聚合物制成的。它的质量极轻、易安装。还具有众多优点。

就如水立方的"大泡泡",其特有的抗黏着表面具有高抗污、易清洁的优点。一般的污垢都能在下雨的时候轻易地被冲刷掉,这也就是为什么水立方的"大泡泡"总是干净透亮,甚至还可以反光的原因了。

其次,ETFE 膜还具有一定的抗烧能力。也就是说,在 ET-

FE 膜被燃烧的时候，燃烧中的 ETFE 膜不会熔化低落。这样我们也不必为水立方因起火而产生的滴落物烫伤游客所担心了。

最重要的一点，ETFE 膜十分坚固。可不要小瞧了这看起来并不厚的 ETFE 膜，小小的膜可具有强大的力量。据称，水立方上面的一个个犹如"蓝色水泡泡"的 ETFE 膜，虽然只有一张纸的厚度，但是人在上面跳跃也不会损伤它分毫，甚至还可以承受一辆汽车的重量。

当然，这些都是 ETFE 膜的优点，它的作用可大了。

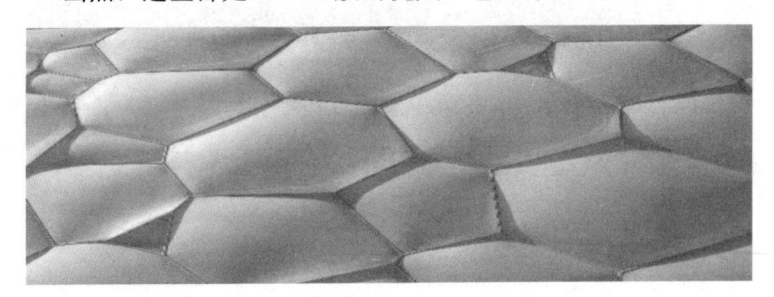

在这次北京冬奥会中，"水立方"顺利变身为"冰立方"，靠的就是其外壳上的 ETFE 膜气枕。它可以实现复杂的温度、湿度分层，既可以保温也可以调控室内温度、改善通风。这不仅为比赛提供了适宜的冰上环境，也确保了令运动员们感到舒适的温度。

这些都还不算什么。

最神奇的是水立方外层的 ETFE 膜可以将室外的自然光源引入地下。这样算下来，通过自然采光的方式，每年可以节约用电大约 2.6 万度，相当于一个家庭至少十年的用电量。既节约、又环保。这些也就是水立方采用 ETFE 膜的原因了。

ETFE 膜是如今新型科技技术材料之一，这些材料不仅能节约节能，还能促进国家科学技术发展。

怎么样，水立方的"大泡泡"是不是既有用又环保节能，还高科技！真的很神奇！

作者：八一班　蒋婷竹　指导教师：崔桂静

走进语文——设计之美

天坛回音壁

　　去过天坛回音壁的同学们都知道，天坛有个有趣的地方叫作"回音壁"。两个人一起参观，如果两个人分别站在东、西两殿，其中一个就算用正常甚至更小的音量靠墙壁说话，另一个人都可以清晰地听见声音，这也是为什么称它为"回音壁"。那么，为什么回音壁可以回声呢？

　　要想探究这个问题，首先，我们要知道，回声的原理究竟是什么。

　　回声的原理其实很简单，就是：声波的反射，当声波遇到障碍物时会反射回来。

　　那为什么一般的房间却听不到回声呢？

　　其实这与房间本身的结构有关，由于一般的房间较小，声音反射回来的时间比较短，所以即使有回声，我们凭人耳也是听不到的，这也是大部分人认为房间内没有回声的原因（据研究，一般0.4秒以上的回声可以被人耳接收到并识别，一般情况下空气中的声速＝340m/s。）

其次，我们还需要了解回音壁的特点。

回音壁是北京天坛皇穹宇的围墙，高3.42米，厚0.9米，直径为61.5米，周长为193.2米。围墙内有三座建筑物，其中一座叫皇穹宇，整个围墙整齐光滑，对声波的反射是十分规则的。

综上所述，我们即可得出回音壁回声的原理。

回音壁有长距离传输声音效果的原因是皇穹宇围墙的墙面有利于声波的传播。围墙由磨砖对缝砌成，光滑平整，基本符合弹性体波动方程在表面的边界条件，可以很容易地接收到靠近墙面的声波。

声波在墙面中传播，也就是在固体中传播，其速度快于在空气中，同时产生的能量损耗也较小，这解释了"小声可闻"的现象。声波在传播过程中，频率较小的波渗透深度大，损耗也大，有效过滤了低频杂音，同时造成了声音悠长。

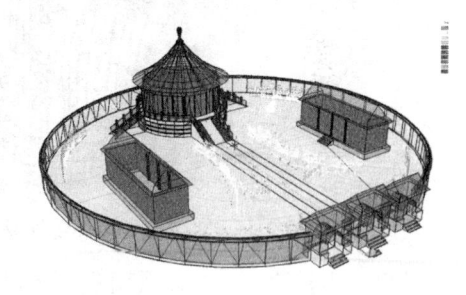

所以，只要两个人分别站在东、西两个配殿后，贴墙而立，一个人靠墙向北说话，声波就会沿着墙壁连续折射前进，传到一、二百米的另一端，无论说话声音有多小，也可以使对方听得清清楚楚，而且声音悠长，堪称奇趣，给人造成一种"天人感应"的神秘气氛。

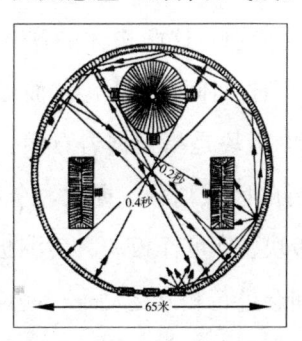

作者：八一班 梁宇航 指导教师：崔桂静

"鸡腿"与"S"对岸的不解之缘

地理课上,我发现大西洋两岸的轮廓貌似可以吻合。时间回溯几百年,我好像看到了那个在病房中观察的魏格纳。

机缘巧合的一天,魏格纳躺在病床上,看着世界地图,不由得发出一声惊叹:"为什么南美洲大陆和非洲大陆的轮廓线貌似是可以重合的呢?这到底是为什么呢?"他连忙下床查看,在世界地图上摆弄着、比对着。在好奇心的驱使下,他开始了一轮又一轮的探究,但是并没有发现什么可以直接证明的线索。于是,他提出了一个大胆的猜想:这两块大陆现在的样貌是由于"板块"之间的相互拉伸和长时间在海上漂移而形成的吗?

什么是"板块"?板块是指根据岩石圈、海陆位置和相互作用的位置与方向进行的区域划分。据此,全球可分为六大板块:亚欧板块、太平洋板块、印度洋板块、美洲板块,非洲板块和南极洲板块。板块之间会进行相互运动——碰撞挤压或者是张裂拉伸。挤压之后可形成大面积隆起,形成高大的山脉;拉伸之后可以形成裂谷或海洋。

▶走进语文——设计之美

　　如果把南美洲和非洲之间的大西洋去掉，那么南美洲和非洲大致可以重合。似乎可以肯定地说，大西洋的形成和这两块大陆脱不了干系。但这毕竟是一个推论，我们还需要找证据证明。

◎ 证据一 板块构造学说

　　通过观察板块之间相互运动方向图，可以发现大西洋的形成是由于非洲板块和美洲板块之间的相互张裂拉伸而形成的。把大西洋去掉，这块大陆将可以大致吻合。但因为两地的拉伸作用，所以在这两块大陆之中形成了大西洋，也让这两块大陆在大西洋上渐行渐远。

◎ 证据二 两地大致相同位置的动植物分布

　　通过观察下图，我们不难发现，将两块大陆拼接在一起之后，两地的动植物也会不谋而合地"拼接"在一起。而同种所显示的这几种动植物都没有长途跋涉过大西洋的能力，所以用这种证据也是可以证明刚刚的猜想的。

◎ 证据三 两地地质岩层分布

　　观察下面这幅图片，我们可以发现，南美洲和非洲大陆"拼接"后形成一块完整大陆后，地质构造也都是基本相同的。据此，我们也不难推断出最后的结论。

◎ 证据四 历史演变

　　观察现代科技对历史演变的描述图。这两幅图是基于大量的科学发现下而形成的最终推论。从这里，我们也可以了解到南美洲和非洲是如何在统一的大陆上进行分裂，如何在分裂后逐渐"远行"的。

　　通过后人对魏格纳猜想的证据搜集、证据分析，最终魏格纳的猜想也被证实是正确的。这样，在格陵兰岛的魏格纳也可以安心长眠。

　　当我们再次看到世界地图的时候,看到南美洲和非洲的时候,要知道它们的来历是有很大的渊源:两块大陆本来是在同一块泛大陆之上,但因为板块和板块之间的张裂拉伸,两大陆逐渐分裂开来,后来又进行了漂移,成为了大西洋上一个永远存在、永不"长眠"的神话!

作者:八一班　王浩丞　指导教师:崔桂静

冰雪盛会为何没有光临冰雪之乡

今年的二到三月，北京携手延庆，张家口共同举办了本届冬奥会，那么有人可能要问了：为什么冬奥会在北京，延庆，张家口办，而不在冰雪运动基础更好的东北三省呢？

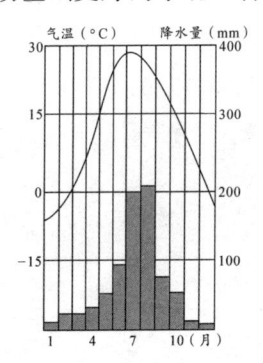

第一，北京是我国国际交往中心。大家在地理课上都学过北京的城市职能。北京作为我国首都，是我国政治中心，文化中心，国际交往中心和科技创新中心，其中国际交往中心就是北京举办冬奥会的理由。

第二，北京气候很好，我们还学过，北京位于温带季风气候区，有夏季高温多雨，冬季寒冷湿润的气候特点，这非常利于开展冰上运动

第三，张家口赛区的自然环境好。张家口赛区和北京同样位于温带季风气候区，夏季高温多雨冬季寒冷湿润，雪期长，积雪量大，冬季气温低，积雪不易融化。此外，张家口赛区中低山脉，坡度适中，适于建设场地，这些都是张家口举办雪上项目的

优良条件。

  第四，北京交通便利。北京是中国重要的交通枢纽，建有6个铁路枢纽。为迎接冬奥，中国专门修了京张高铁，它用清河站，延庆站和太子城站连通了北京，延庆和张家口三大赛区。方便了游客选手的出行。

  第五，北京有丰富的办奥经验，北京于2008年举办了第29届夏季奥林匹克运动会，而这届奥运会也是奥运史上最成功的一届之一。而冬奥会和冬奥会也差不了多少。最多是运动项目和场馆不太一样，其他的经验可以参照以前。

  此外，北京有举办2008年奥运会的场馆，鸟巢和水立方。这些场馆到了现在都华丽的变了身。鸟巢举办了开闭幕式而水立方变成了冰立方举办冰壶比赛。这些场馆的转变减少了建设场馆的成本。

  所以冬奥会选择在北京，延庆，张家口三地举办是有原因的。东北的老乡们只能期待下次有自己的家乡上榜了。

作者：八一班 胡京涛 指导教师：崔桂静

▶ 走进语文——设计之美

"跨越时空的遇见"古诗文拾美
——八下第三单元单元读写设计

本单元所选的文章都是古诗文,《桃花源记》虚构故事,借助想象表现古人对美好生活的向往与追求;《小石潭记》写景寄游,在自然之美中表达作者委婉曲折的情志;《核舟记》摹物写形,于细微处刻画工艺之奇匠心之美;《诗经》二首比兴寄托,于山野间采撷诗意之美。总起来说,这个单元是一个美的大观园,理想美、意趣美、技艺美、情感美,各美其美,却又美美与共,表现了中华传统文化之美和源远流长的古风雅趣,怎样让学生徜徉古诗文中,读懂美、悟到美、享受美、传承美是教师备课应思考的。

新颁布的义务教育语文课程标准对7-9年级学段古诗文学习的要求有"诵读古代诗词,阅读浅易文言文,能借助注释和工具书理解基本内容。注重积累、感悟和运用。提高自己的欣赏品位。""注重理解中华优秀传统文化蕴含的核心思想理念、中华人文精神和传统美德,表达自己作为中华民族一员的归属感和自豪感。"

古诗文的学习,首先要让学生打好底子,踏踏实实读通、读懂、读透、读美。

要关照学生特点,八年级的学生,思维活跃,记忆力好,活泼好动,对古诗文并不排斥,在前期的学习中接触了一些古文,像《爱莲说》《陋室铭》《三峡》《记承天寺夜游》等，都是古诗文中的奇珍，学生都很感兴趣。教师应抓住学习契机，尽可能以学生喜欢的方式，消除学生与古诗文的隔膜，拉近学生与文本的距离。

新课标对课程实施的要求是，"创造性地开展语文教学，充分发挥语文学科独特的育人功能"，具体有四点建议"立足核心素养，彰显教学目标以文化人的育人导向"。"文以载道，以文化人。""体现语文学习任务群的特点，整体规划学习内容。""创设真实而富有意义的学习情境，凸显语文学习的实践性。""关注互联网时代语文生活的变化，探索语文教与学方式的变革。"

在教学中力图遵循落实课标要求，使素养落地。在教法上注重联系学生生活，创设学习情境，设计有联系的读写任务，学生在学习中运用诵读法、想象联想法、合作探究等方法开启寻美之旅。

语文课程围绕核心素养，体现课程性质，反映课程理念，确立课程目标。

义务教育语文课程培养的核心素养，是学生在积极的语文实践活动中积累、建构并在真实的语言运用情境中表现出来的，是文化自信和语言运用、思维能力、审美创造的综合体现。我们在每一堂课中确立的目标都应是指向核心素养落地的目标。在此基础上确立了这样的单元目标：

1. 阅读古代诗文名篇，了解古人的思想、情趣，感受其智慧，体会其笔下的美好境界。

2. 借助注释和工具书读通课文，在此基础上反复诵读，把握诗文的丰富内涵，体味语言之美。

3. 随文理解和积累文言常用词语，适当关注一些有规律的语言现象。

《桃花源记》以渔人进出桃花源为线索，真假结合，虚实相生。用朴素的语言，白描的手法，塑造了一个与污浊黑暗社会相对立的美好境界，以寄托自己的政治理想。如何在准确掌握文言基础知识，疏通文义的前提下，巧妙诱发学生思维，理解作品的浪漫色彩和理想寄托，就成为本课教学的重点。

情境任务

单元情境任务：润心苑文学社举办"跨越时空的遇见"古诗文拾美活动，请同学们品读古诗文，拾取其中不一样的美，写赏析文章并投稿。

为帮助同学们深入理解诗文，八年级语文组根据第三单元特点设计了一组连续性的活动，请同学们在活动中积累认识。不断发现，选择最有感触的点写成赏析文章并投稿。

一、《跨越时空的遇见——寻美桃花源》——课本剧编排　3

二、《跨越时空的遇见——观美小石潭》——导游词撰写　2

三、《跨越时空的遇见——赏美核舟记》——小小讲解员　2

四、《跨越时空的遇见——听美诗三百》——一起读《诗经》2

五、《跨越时空的遇见——汇美文字间》——我手写我心　2

这样设计的目的，是为了有助于学生多角度多层次体会本单元特点。

教学设计

《桃花源记》

指导思想：这篇文章故事性比较强，环境、人物、情节齐全，学生喜欢排练演出课本剧，所以设计情境任务：编排一部课本剧《跨越时空的遇见——寻美桃花源》本节课的指导思想是教师作为启发者和鼓励者，创设情境，引导学生主动参与学习，摄取知识，培养能力。整个教学过程主要是以课本剧编排为纽带，以发现体会思考桃源的"美"为主线，以培养学生的想象能力和创新能力为核心。

学习目标

1. 借助注释和工具书读通课文，随文理解和积累"鲜美""俨然"等文言常用词语，理解-"妻子""外人"等文言现象，在此基础上反复诵读，初步感受桃花源之美。

2. 细致品读，完成情境任务；思辨探究，深入理解并客观评价桃花源代表的隐逸思想。

教学流程

教师导：诵读感知——疏通文义——联想想象 ——质疑探究

学生学：寻找"美"——感受"美"——欣赏"美"——思考"美"

课时数：三课时

教学过程及分析：

第一课时：初读课文，疏通字词句，读准句读，学生提出问题，共同解决。反复读课文，初步感悟美。用一句话概括初读文

▶ 走进语文——设计之美

章的感受，提出自己的问题。质疑问难，整理归纳典型的文言现象。

作业：1. 背诵课文

2. 完成学习任务单。为编排课本剧做准备。

附：学习任务单：

第二课时　交流学习任务单，完成课本剧编排：

任务 1：请你依据文本为课本剧设计剧情，并为每一幕起个名称。

解说：这一设计指向对情节的理解，让学生从整体上理清故事脉络。

例：忽逢桃花林→进入桃花源→_做客桃花源→迷失桃花源→再寻桃花源

任务 2：请你展开想象联想，以图文并茂的形式展现桃花林和桃花源的景象。为你的课本剧设计背景。

说明：这一设计指向环境，以语言文字为载体，激发学生想象联想。初步体会到桃花源的外在美与和谐宁静之美。

桃花林：夹岸数百步，中无杂树，芳草鲜美，落英缤纷。

桃花源：土地平旷，屋舍俨然，有良田、美池、桑竹之属。阡陌交通，鸡犬相闻。其中往来种作，男女衣着，悉如外人。黄发垂髫，并怡然自乐。

任务 3：请用折线图来表达渔人找到世外桃源的经历及心情变化。指向人物

说明：用折线图的形式，表现出渔人的心路历程，表现桃源的神秘美

任务 4：请为剧中人物设计妆容、语言、动作。对比，想象，

153

丰富，表格

人物	妆容	语言	道具	依据
渔人				
太守				
桃源人1				
桃源人2				

说明：本环节引导学生继续深入阅读文本，对故事中的人物形象加以丰富。桃源外之人的窘迫、功利、急切、自私，桃源内人的热情、和谐、从容、质朴，形成鲜明对比。

任务5：小辩论

桃花源是积极的追求/桃花源是消极的逃避

说明：本环节充分利用前面教学环节的铺垫形成的阅读期待鼓励学生多角度的有创意的有批判地阅读，以拓展思维空间，提高阅读质量。怎么评价陶渊明，如何评价他的理想与追求，将是这一环节的重点。此环节重在自主合作探究，进行探究性学习。培养学生批判性思维能力，在此基础上形成创新能力。

任务六　桃源何处

说明：这一设计指向主题，学生体会桃花源记中的思想给世人的影响，体会古人今人对美好生活的追求。

为自己设定一个身份，阐释你对桃花源的认识。

我是_____，我心中的桃花源是_____

身份选择：

1. 一位古人：庄子、李白、杜甫、苏轼……

2. 一个现代人：当代中学生、一个忙碌的上班族……

第三课时：

课本剧展演及评价

评价量表

作业：补充选读《桃花源诗》（陶渊明）《桃源行》（王维）《桃源图》（韩愈）《桃花溪》（张旭）《桃源行》（王安石），感受桃源风情、桃园思想。自选角度，写一篇赏析文章。

设计意图：现代教育家叶圣陶曾说过："教是为了不教。"从认知心理来说，这是学习的必然，也是能力的延伸。因此我将通过布置课后作业，把学生对桃源美的感受延伸至课外，开阔视野，了解陶渊明描绘的"世外桃源"闪光的艺术魅力。

板书设计

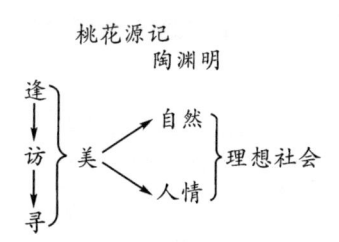

```
          桃花源记
           陶渊明
逢                自然
↓         ╱              ╲
访   美               理想社会
↓         ╲              ╱
寻                人情
```

设计意图：此板书根据直观性原则，简洁明白，能体现了文章的主要脉络，学生能从中抓住要点和精髓，深入理解全文，把握文章的思想内涵。桃花源就是陶渊明心中的理想社会，那里的风景优美秀丽，那里的人民淳朴善良，但黑暗残酷的现实却让这种美好的理想独存在作者的心间。

反思总结

以语言为载体，以生活为舞台，让学生从感性到理性认识桃花源和陶渊明，让学生体验到思考和超越的幸福。引领学生从传统的"小课堂"走向创新发展的"大课堂"。

《桃花源记》课本剧创作任务单

任务1：请你依据文本为课本剧设计剧情，并为每一幕起个名称。

任务2：请你展开想象联想，以图文并茂的形式展现桃花林和桃花源的景象。为你的课本剧人物活动设计背景。（图画＋文字描写）

桃花林：<u>夹岸数百步，中无杂树，芳草鲜美，落英缤纷。</u>

桃花源：<u>土地平旷，屋舍俨然，有良田、美池、桑竹之属。阡陌交通，鸡犬相闻。其中往来种作，男女衣着，悉如外人。黄发垂髫，并怡然自乐。</u>

图文：

任务3：请用折线图来表达渔人找到世外桃源的经历及心情变化。

任务4：请为剧中人物设计妆容、语言，说明依据。

人物	妆容	语言	道具	依据
渔人				
太守				
桃源人1				
桃源人2				
自定角色				

任务5：小辩论 桃花源是积极的追求/桃花源是消极的逃避
写一段话阐明你的观点

任务六：桃源何处？

▶ 走进语文——设计之美

为自己设定一个身份,阐释你对桃花源的认识。

我是_____,我心中的桃花源是这样的:_____
_____

身份选择:

1. 一位古人:庄子、李白、苏轼、卖炭翁……
2. 一个现代人:当代中学生、一个忙碌的上班族……

湖心亭看雪

学习目标

1. 在疏通文义的基础上，整体感知，反复诵读，体会本文审美意境。

2. 联系作者生平及创作背景，体会其家国之思。

学习重点：联系作者生平及创作背景，体会其家国之思。

学习难点：理解张岱之"痴"。

教学活动：

◎ **任务一　初读通意**

参照注释，疏通文义

湖中/人鸟声/俱绝

一童子烧酒/炉正沸

读课文翻译句子，注意理解重点词的意思。

是日更定矣

是金陵人

是日更定

湖中焉得更有此人

大雪三日

是金陵人，客此

……

译读感知

译读课文，整体感知，尝试读出你所体会到的情感。

▶ 走进语文——设计之美

设计意图：在学生有一定文言学习积淀基础上，进一步夯实基础，培养良好的古文阅读习惯。疏通文义，整体感知，同时在理解词义句意中，初步领悟张岱在文中寄托的家国之思。古文—今文——古文反复诵读、体会。

◎ **任务二　品读看雪**

哪一句（词）最能触动你的心，紧扣意象、语言具体赏析，并有感情诵读。

我仿佛看到（听到）……

我感受到了……

我想到了……

_____

_____

_____

"雾凇沆砀，天与云与山与水，上下一白。湖上影子，惟长堤一痕，湖心亭一点，与余舟——芥，舟中人两三粒而已。

创设情境，联系阅读体验与生活体验，拉近学生与经典之间的距离，感受物我合一的境界。

与天地共呼吸，与万物共徘徊

白描写法

◎ **任务三　悟读看人**

张宗子是个都会诗人，他所注意的是人事而非天然，山水不过是他所写的生活的背景。

——周作人

看人，你看到了什么？

你产生了怎样的问题？

设计意图：以学生的真实问题推进，深入理解张岱沉痛的亡国之恨，挥之不去的家国之思。

理解文中潜隐的哀愁与作者精神的苦闷，从而深入理解文章的思想意义和精神内涵。

助读资料：

崇祯五年（1632）湖心亭看雪

崇祯十七年，顺治元年（1644）明灭

顺治二年（1645年）清兵入杭州。

张岱以布衣之身毁家产，举义旗，投入抗清复明斗争，失败，入山著书。

约1647年　写《湖心亭看雪》

金陵：南京。1368年朱元璋建立明朝，以南京为京师。

张岱其人：

1. 少为纨绔子弟，极爱繁华……年至五十，国破家亡，避迹山居，所存者破床碎几，折鼎病琴，与残书数帙，缺砚一方而已。《自为墓志铭》

2. 鸡鸣枕上，夜气方回，因想余生平，繁华靡丽，过眼皆空，五十年来，总成一梦。《陶庵梦忆序》

3. 擅对

太白骑鲸，采石江边捞夜月　眉公跨鹿，钱塘县里打秋风。

4. 好著书

有《石匮书》《张氏家谱》《义烈传》《琅嬛文集》《明易》《大易用》《史阙》《四书遇》《梦忆》《说铃》《昌谷解》《快园道古》《傒囊十集》《西湖梦寻》《一卷冰雪文》行世。

5. 有冰雪志

故知世间山川、云物、水火、草木、色声、香味，莫不有冰雪之气；其所以恣人挹取受用之不尽者，莫深于诗文。《冰雪文序》

总结

1. 这节课，你看到了什么？

2. 假如，你遇到了张岱……

尝试背诵

作业：

1. 背诵全文。（必做）

2. 查阅资料并交流：在中国文化长河中为张岱觅知音：更有谁，痴似相公者？（选做）

◖板书设计◗

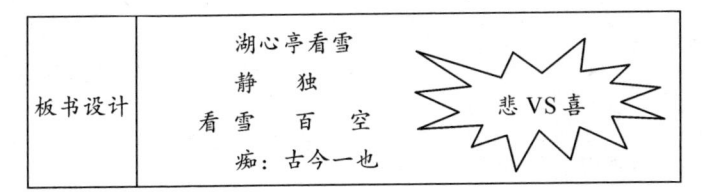

| 板书设计 | 湖心亭看雪
　静　独
看雪　百　空
　痴：古今一也 | 悲 VS 喜 |

◖教学思考◗

《湖心亭看雪》是部编版教材九年级上的一篇古文，是张岱小品文的杰出代表。

本节课比较满意的地方：

一、一个看字，挈领全篇。本课教学亦从看始，看雪，看人，悟独，悟痴。亭中人，心中痴，赏湖观雪，把酒言欢，不问姓名，无关风月，自是一种情怀。痴的不是风花雪月，痴的是众人皆醉我独醒，痴的是遥想故国那份绵软的深情。在这世间，不管朝代如何更迭，这大明江山就在张岱心里，这西湖之雪，结就一片冰心。

二、在读中解，读中赏，读中悟，充分发挥诵读在古文学习中的作用，有学生个人读，集体读，边译边读，教师泛读，视频听读，静心悟读等多种形式，希望在读中培养学生正确的语感。

三、适时补充助读材料，为学生学习提供支架。引导学生辩证思考，全面看问题。

四、本节课的遗憾是这种境界与情怀，很难真正通过一节课完全领悟到，时间关系读得还是不够，希望学生触摸到点滴后，能够进一步体会思考与探索。在读上还可以再细致。

▶走进语文——设计之美

人生自是有情痴

——读《湖心亭看雪》，品痴绝形象与白描艺术

385年前的那个冬天，他轻乘孤舟，独赏寒雪，留给后世一个孤绝的背影。一山一堤一舟，湖心亭上，斯人独立。

"莫说相公痴，更有痴似相公者"，舟子玩笑，却道出了永恒。痴，往往被人或解为极度糊涂，或解为极度沉迷。宗子的痴，却远高出这两种意味，他不糊涂，也不迷恋，他是不愿看清，不愿面对，他痴于白雪茫茫，痴于知己难觅，痴于故园不再，痴于独立独行……他的梦依然立在那个已然幻灭的王朝，轻衣水袖，鲜衣怒马，少年轻狂，故国思绪，化为一舟，一人，一山，化为一个痴字，融化在雪夜西子湖心那一声叹息里。痴是人间最深的执念与深情，一个痴字，蕴含了多少他人难解的无奈。

舟子笑痴，道更有甚者，泱泱中华，悠悠五千年，宗子只是痴人之一。多少愁绪难消痴情不改的文人墨客，尘世淬炼了他们的思想，也铸成了他们的痴，骨子里的痴。他们有更敏感的思绪，有更恣肆的文笔，或深或浅，或浓或淡，错落缤纷，织就华夏文学的一方锦绣。"窈窕淑女，君子好逑"，上古男子痴望一份纯净美好的爱情；"去年今日此门中，人面桃花相映红。人面不知何处去，桃花依旧笑春风"，春暖花开，笑靥如花，一杯清茶，一生难忘。"疏影横斜水清浅，暗香浮动月黄昏"，梅妻鹤子，浅吟低唱，任一切灰飞烟灭，自栖于山间小园。

163

人生自是有情痴,崔护痴于旧人,宗子痴于故国,皆是缠绵留恋,不能自拔。桃花庵中的唐寅自醉一树桃花,东篱下的渊明自安一种清贫,赤壁月夜下的苏子,自持一种风骨。且看亭中人,心中痴,赏湖观雪,把酒言欢,不问姓名,无关风月,自是一种情怀。痴的不是风花雪月,痴的是众人皆醉我独醒,痴的是遥想故国那份绵软的深情。崇祯五年十二月,即使面对清王朝,依然坚持用明代帝王年号纪年,可谓宗子最痴之处,我在这世间,不管朝代如何更迭,这大明江山就在我心里,这西湖之雪,结就我一片冰心。

雪在中国文人笔下多是高洁孤傲的,卓文君曾有一首《白头吟》:"皑如山上雪,皎若云间月"。余住西湖,却要抛春弃夏,独摹这西湖之冬。湖中人鸟声俱绝,我偏要挑选这样的日子,你们不在,独我一人,世间千万般好,皆与我无关。"雾淞沆砀,天与云与山与水,上下一白。湖上影子,惟长堤一痕,湖心亭一点,与余舟一芥,舟中人两三粒而已。"

心之净只见上下一白,一痕一点,舟若一芥,人若一粒,张岱神奇的画笔,沾些淡墨,寥寥几语,勾勒出一幅高旷辽远、孤绝清寂的画面。不施粉黛,不加渲染,不犹豫,不反复,自成高深,令人回味无穷。这就是白描艺术。白描,当以极简及净的文字来呈现文章的内涵。观宗子文章,仿佛置身于西湖皑皑的冰雪,轻轻拨开内心良久的岑寂,却触摸到一颗滚烫的赤子之心。看似漫不经心,实则比呐喊更为有力深刻,这是白描的魅力,白的背后,是作者更为浓烈瑰丽的情感。与之意境相近的,如"孤舟蓑笠翁,独钓寒江雪",如"念天地之悠悠,独怆然而涕下",如"相看两不厌,只有敬亭山",天地寂静,万物不语,静止成永恒。白描手法,留白艺术,自有一种内蓄的力量,是一种人生的感慨。中国文学经典充满着天人共生的智慧,天地为人父母,万物为己朋友,"孤光自照,肝肺皆冰雪",张岱作品自带冰雪之气,尝言"世间山川、云物、水火、色生、香味,莫不有冰雪之气。"(《一卷冰雪文后序》),他一生与西湖结下不解之缘,张岱曾说:"余之梦西湖也,如家园眷属,梦所故有,其梦也真。"作者经历国破家亡之苦,漂泊流离之痛,落拓孤寂悲哀之情无计消除,"寄蜉蝣于天地,渺沧海之一粟",知音难觅,子期难寻,却于寒冬雪夜湖心独往之时巧遇金陵二客,强饮三大白背后的快意惊喜、惆怅难解、孤寂清冷、感时伤怀、种种复杂情思,跃然纸上,引后辈读者唏嘘叹惋。

我的伯父鲁迅先生

设计理念

《义务教育语文课程标准（2011年版）》对第三学段（5—6年级）阅读、写作教学的几点要求（摘录）

一、在阅读中了解文章的表达顺序，体会作者的思想感情，初步领悟文章的基本表达方法。在交流和讨论中，敢于提出看法，作出自己的判断。

二、阅读叙事性作品，了解事件梗概，能简单描述自己印象最深的场景、人物、细节，说出自己的喜爱、憎恶、崇敬、向往、同情等感受。

三、能写简单的纪实作文和想象作文，内容具体，感情真实。

四、初步了解查找资料、运用资料的基本方法。

中国教育科学研究院朝阳实验学校"思考力课堂"核心元素是"明、问、思、辩、悟、用"六个字。即教师在进行教学设计时要明晰教学目标、明确课堂提出问题的具体要求，创造良好的学习环境，使学生在思考中学习、辩论中学习、感悟中学习、实践应用中学习（两明四学）。

背景分析

教学内容：《我的伯父鲁迅先生》是第八单元的一篇自读课文，本单元以"走近鲁迅"为主题，编排了《少年闰土》《好的故事》《我的伯父鲁迅先生》《有的人》四篇课文，前两篇精读课文是鲁迅的作品，后两篇略读课文，是别人写鲁迅的作品。

《我的伯父鲁迅先生》是鲁迅的侄女周晔写的回忆性散文，选取日常生活中的小事，刻画了鲁迅在生活中的形象。这是一篇全面立体地展现鲁迅先生人格魅力的文章，是学生走近鲁迅了解鲁迅的窗口，在学习课文的同时教师要引导学生体会鲁迅忧国忧民的爱国情怀，同时也看到一个温暖的鲁迅可爱的鲁迅，感受其身上的高尚品质，对学生的精神领域产生潜移默化的影响。

本单元的语文要素是"借助相关资料，理解课文主要内容"，是对五年级所学方法的延续与推进。本单元的习作要求是"通过事情写一个人，表达出自己的情感"，这篇课文除了通过具体事情表现人物特点，在记事过程中借助具体场景描写表达主观情感，学习这篇课文，一方面要引导学生借助资料感受课文中的人物形象；另一方面要引导学生聚焦具体场景，揣摩表达情感的方法，并试着迁移运用到自己的习作中。

学生情况：学生在五年级上册已经学习过"结合资料，体会课文表达的思想感情"这一方法，学生的生活离鲁迅比较远，有一定隔膜，所以要借助资料，才能真正读懂文章。我们在单元整体感知中设计了"追寻你的足迹"文化寻根活动，让学生利用周末时间到鲁迅博物馆参观，积累资料，助读课文。

通过调研六年级班级完成预习单的学情：部分学生能梳理出课文中的事件并用小标题概括；部分学生概括不准、不全，对鲁迅先生认识不够全面，对"笑谈碰壁"和"笑放烟花"两部分存在理解上的困难；在写人时事情写不具体，不会通过场景来表现人物。

走进语文

学习目标

1. 用较快速度默读课文，能用小标题概括文中所写的关于鲁迅先生的几件事。

2. 借助相关资料，理解课文内容；品读具体场景描写，感知鲁迅先生的人格魅力。

3. 将阅读写作对接，学习通过具体场景来刻画人物的方法。

学习重点：借助相关资料，理解课文内容；品读具体场景描写，感知鲁迅先生的人格魅力。

学习难点：在具体场景中感知人物精神，学习通过具体场景写人的方法。

学习方法：发现学习、自主学习、合作学习　批注读书

教学过程：

◎ **任务一　请你告诉我**

1. 读课文，整体感知

2. 找事件，概括小标题

学生活动：

读课文，结合预习单思考

学生代表发言到黑板板书

答案预设：

1. 先生去世　2. 谈《水浒传》3. 笑谈"碰壁　4. 笑放花筒

5. 救助车夫　6. 关心女佣

设计意图：结合预习单任务，整体感知课文内容，为后文聚焦典型事例中的典型场景，分析人物形象做铺垫。

▶ 走进语文——设计之美

◎ **任务二　请你说服我**

问题设计：

我想在这些事件中选择一个删去，请你帮我选择一下删哪一个，理由是什么。

学生活动：学生思考，交流发言

设计意图：思考几个事件与文章主题的联系，进一步聚焦到"笑谈碰壁""笑放花筒"两个最难理解的事件上。

◎ **任务三　请你辩一辩**

1. 结合资料思考：此处能不能删去
2. 通过这件事，你读出了一个怎样的鲁迅？

小组合作

结合资料思考讨论：

成员做好记录，准备汇报。

参照量规要求，进行小辩论

设计意图：通过学生充分的思考和小组合作探究，组织小辩论，深度思考，形成对鲁迅先生更为全面的认识，体会鲁迅先生的人格魅力。

出示量规，科学评价

◎ **任务四　请你打动我**

1. 品读领悟：文中还有哪些细致的描写打动了你？
2. 总结提升：思想收获及写作方法

学生活动：聚焦重点场景，品读关键语句，学习通过事件中细致的场景描写表现人物的方法。

设计意图：在事件中写人，非常困难的是在具体场景中写人，而本课在这一方面是非常典型的范例，这一环节聚焦到典型场景，在品读中认识到鲁迅先生的人格力量，学习通过场景描写表现人物的方法。

◎ **任务五　请你显身手**

选一个在你心里最重要的人，想明白要表现他（她）什么精神（品质），选2—3件与他（她）有关的事，选择一件事借助场景来写出人物特点，表达真情实感。

学生活动：选择人物，想明白主旨，选择事件，运用文中学到的方法写一个具体场景。

借提纲梳理写作思路，聚焦场景描写训练。

设计意图：读写结合，迁移运用，在学习完《我的伯父鲁迅先生》一课后，要在落实"借助相关资料，理解课文主要内容的"单元语文要素基础上，学会通过事情写一个人，表达出自己的情感。在这个环节中，聚焦通过事情中的具体场景写人这个难点进行突破。

布置作业：为鲁迅先生写一篇文章"有你，真好"

板书设计

我的伯父鲁迅先生

忧国忧民　　　　温暖慈爱

场景

人

一起去探险

崔桂静　王晓楠　李盼坤

单元目标

1. 学会浏览的阅读方法，能够通过快速浏览课文，把握文章的关键信息，不断扩大自己的阅读范围和阅读视野。

2. 通过对课文的学习，理解并体验探险与科学幻想在人类发展历史中的伟大价值；通过课内外阅读，培养科学精神。

3. 结合本单元课文，学习行文清晰、语言简明的写作特点，能够用简明的语言概括文章主要内容，并运用到写作中。

4. 学会快速阅读整本书。了解文章的主要内容，把握与关键人物相关的情节，关注相关科学知识。

大概念

快速浏览把握文意，初步做到能独立思考和质疑。

整体设计

阅读教学：七年级微信公众号将要推出"跟他去探险"主题系列展示，请同学们学习第六单元课文，阅读推荐的课外篇目和《海底两万里》，完成几个阶段的任务；11课时

写作教学：科幻写作训练"《带上她的眼睛》续写"（想象、简明）　2课时

综合性学习：我的语文生活　3课时

文言学习：《河中石兽》　2课时

活动一　走进探险人物（3课时）

子任务：给"你心中的探险王"做一个电子手账

学习目标

（1）学会浏览的阅读方法，把握文章关键信息，梳理情节，制作探险历程图。

（2）阅读本单元课内外文章，学会设计、制作"你心中的探险王"电子手账并在班级内展示，初步感受人物的探险精神。

课时任务：

第一课时评选班级优秀探险历程图，推荐到年级，参加公众号展示。（单篇：《朝闻道》《探险家》《到不朽的事业中寻求庇护》、整本书阅读：《海底两万里》）

（1）课前预习：

浏览文章，制作探险历程图：

①运用圈点勾画法阅读《伟大的悲剧》，制作探险历程图。

②用最短的时间浏览《太空一日》，借助小标题，梳理情节，制作探险历程图。

③浏览《带上她的眼睛》，标画关键语句，画出人物游踪示意图。

（2）教学环节

①小组合作，完善探险历程图。（15分钟）

②借助投影，班级展示探险历程图，进一步理清作者写作思路。参照评价量规，班级评选出优秀探险历程图。（25分钟）

类别	优秀	良好	及格
内容	内容紧扣文章情节发展，脉络清晰，重点突出，能直观呈现出人物的探险历程。	内容围绕文章情节发展，脉络比较清晰，重点较突出，能比较直观呈现出人物的探险历程。	内容没有体现文章情节发展，脉络不清晰，重点不突出，不能直观呈现出人物的探险历程。
语言	语言简明连贯，表意准确。	语言比较简明连贯，表意较准确。	语言啰嗦简明，情节跳跃，表意不准确。
形式	形式灵活有个性，富有想象力，能形象直观地呈现探险历程。	形式比较灵活，有个性，有一定的想象力，能比较形象直观地呈现探险历程。	形式笼统单一，不灵活缺乏想象力、创造力，不能形象直观地呈现探险历程。

③小结：快速把握文意的方法。（5分钟）

④作业：选择你"我心中的探险王"，用200—300字介绍他的探险历程。

第二课时围绕"我心中的探险王"为话题，选定一个人物，结合课文内容，讨论设计内容，确定手账板块、名称及内容，形成文字初稿。

(1) 课前预习：

①阅读补充的课外材料（《斯科特日记节选》《又见到亲人了》《朝闻道》等），勾画你感受最深的地方，做好批注。

②了解一般性电子手账所包含的内容，如：小标题、人物简介、主要事迹、评价、我的认识等。

③构思"我心中的探险王"电子手账所包含的板块及小标题。

(2) 教学环节：

①交流展示"我心中的探险王"探险历程。（10分钟）

②结合单元课文和课外材料，说说你感受最深的地方，并分析人物精神。（20分钟）

③展示人物手账所包含的内容及评价标准。（3分钟）

例：千古一帝——李世民

目录

1. 动荡的隋末唐初

2. 从唐公之子到一国之主

3. 辉煌的成就

4. 一代英主的那些事儿

5. 名言，可以为鉴

6. 纵观一生，评价得失

评价标准：

类别	优秀	良好	及格
内容	内容丰富多样，能搜集材料概括人物事迹，有创造性，能写出自己的感受。	内容翔实、完整，有一定的摘录但内容不多，能搜集人物材料，概括人物事迹，并根据事实写出自己的感悟。	内容有缺损，摘录较多，不能或基本不能概括人物事迹，无自己心得感受。
语言	小标题生动，语言记叙翔实，能简练地表达自己的观点和感受。	小标题比较准确，语言较为简练，能比较准确地表达自己的观点和感受。	小标题概括不准确，语言啰嗦或重复，没有自己的观点或感受。
形式	PPT、小视频、电子相册（任选其一）	/	/
设计风格	图文并茂，语言流畅，设计美观大方，符合主题。	设计比较合理，较为美观大方，符合主题。	纯文字或纯图片，设计单调不能突出人物事迹，图片模糊。

④选定"我心中的探险王",并说明理由。构思手账板块,确定内容(12分钟)

⑤作业:为"我心中的探险王"制作电子手账,形成文字初稿。

第三课时展示并修改完善电子手账,总结运用的阅读方法,并在公众号展示。

(1)课前预习:

①组内交流,修改完善"我心中的探险王"电子手账

②选举两位主持人,撰写主持词,主持"我心中的探险王"电子手账评比会。

(2)教学环节:

①主持人致辞,宣布"我心中的探险王"电子手账评比会开始。(3分钟)

②展示"我心中的探险王"电子手账设计理念、内容及选择原因。(35分钟)

③学生依据评价量表打分,班级推选得分最高的三位同学参加公众号展示。

④小结:谈谈你对探险的认识。(7分钟)

⑤作业:搜集有关资料,准备"我心中的探险王"的一个探险故事。

▶ 走进语文——设计之美

活动二　讲述探险故事（3课时）

子任务：根据阅读内容改编并且讲述探险故事。

学习目标

1. 运用浏览、批注的阅读方法，梳理情节，筛选信息，运用想象，创编并讲述探险故事。

2. 在不同的故事中进一步走进探险人物的世界，加深对探险精神的理解。

活动流程

阅读→筛选→细化→讲述→评选→展示

课时任务

第一课时　定人物，理脉络。

浏览课内外阅读资源，选择一个你印象最深刻的探险家，精读与他相关的故事情节，运用圈点批注的方法，运用活动一中制作探险历程图的方法，提取讲故事需要的信息，理清故事思路。

故事基本信息：时间、地点、人物、遭遇、精神

第二课时　选角度细加工。

选择讲述视角，多侧面理解人物。

展开联想与想象，丰富故事情节，可合理创编。

例：第三人称

我心中的探险王——斯科特的故事

罗伯特·弗肯·斯科特是英国皇家海军军官，原先他既不是探险家，也不是航海家，而是一个研究鱼雷的军事专家。1901年8月，他受命率领探险队乘"发现"号船出发远航，深入到南极圈内的罗斯海，并在麦克默多海峡中罗斯岛的一个山谷里越冬，从而适应了南极的恶劣环境，为他后来正式向南极点进军打下了

基础。

1910年6月,斯科特率领的英国探险队乘"新大陆"号离开欧洲。1911年6月6日,斯科特在麦克默多海峡安营扎寨,等待南极夏季的到来。10月下旬,当阿蒙森已经从罗斯冰障的鲸湾向南极点冲刺时,斯科特一行却迟迟不能向目的地进军,因为天气太坏,直到10月底,斯科特便决定向南极点进发。

1911年11月1日,斯科特的探险队从营地出发。每天冒着呼啸的风雪,越过冰障,翻过冰川,登上冰原,历尽千辛万苦。当他们来到距极点250千米的地方时,斯科特决定留下他本人和37岁的海员埃文斯、32岁的奥茨陆军上校、28岁的鲍尔斯海军上尉,继续向南极点挺进。

1912年初,应该是南极夏季最高气温的时候了,可是意外的坏天气却不断困扰着斯科特一行,他们遇到了"平生见到的最大的暴风雪",令人寸步难行,他们只得加长每天行军的时间,全力以赴向终点突击。

1912年1月16日,斯科特他们忍着暴风雪、饥饿和冻伤的折磨,以惊人的毅力终于登临南极点。但正当他们欢庆胜利的时候,突然发现了阿蒙森留下的帐篷和给挪威国王哈康及斯科特本人的信。阿蒙森先于他们到达南极点,对斯科特来说简直是晴天霹雳,一下子把他们从欢乐的极点推到了惨痛的极点。

此刻,斯科特清楚地意识到,队伍必须立刻回返。他们在南极点待了两天,便于1月18日踏上回程。半路上,两位队员在严寒、疲劳、饥饿和疾病的折磨下,先后死去。剩下的队员为死者举行完葬礼,又匆匆上路了。在距离下一个补给营地只有17千米时,遇到连续不停的暴风雪,饥饿和寒冷最后战胜了这些勇敢的南极探险家。3月29日，斯科特写下最后一篇日记，他说："我现在已没有什么更好的办法。我们将坚持到底，但我们越来越虚弱，结局已不远了。说来很可惜，但恐怕我已不能再记日记了。"斯科特用僵硬不听使唤的手签了名，并作了最后一句补充："看在上帝的面上，务请照顾我们的家人。"

斯科特领导的英国探险队的勇敢顽强精神和悲壮业绩，在南极探险史上留下了光辉的一页。他们历经艰辛，艰苦跋涉，却没有将所采集的17千克重的植物化石和矿物标本丢弃，为后来的南极地质学作出了重大贡献。它们探险的日记、照片，也都是南极科学研究的贵史料，至今仍完好地保存着。为了让人们永远地纪念他们，美国把1957年建在南极点的科学考察站命名为阿蒙森——斯科特站。

请尝试用第一人称讲述斯科特的故事，体会斯科特的探险经历，加上更多细节描写。

第三课时 讲故事悟精神

（1）圈点最能体现人物精神的语句，批注自己的理解。让故事里的探险形象立体化。

（2）班级开展"走进探险之旅"讲故事比赛并录制小视频，优秀作品在公众号展示。

※补充说明：

（1）形式：讲故事、可以加PPT、音乐等辅助手段

（2）要求：

①故事情节完整，人物形象鲜明，突出探险的身路历程和心路历程。

②语言流畅，声音洪亮，台风自然，有表现力。

"我心中的探险王"故事比赛评分表 姓名_____

序号		1	2
姓名			
故事名称			
评分标准	主题（5分） 1. 主题鲜明，富有想象力，能形象呈现出人物的探险历程和心路历程。（5分） 2. 主题欠鲜明（3—4分）主题资料（5分）		
	语言表达（5分） 1. 脱稿，语言简明连贯、熟练（5分） 2. 无脱稿，语言连贯、熟练（4分） 3. 无脱稿，语言不熟练（3分）		
	形象风度（5分） 1. 神态大方，语言生动，情绪饱满、表现力强（5分） 2. 语言平淡，情绪欠佳（3—4分）		
	现场感染（5分） 1. 现场有感染力（5分） 2. 现场欠感染力（3—4分）		
	特色加分（1—5分） 使用多媒体、音乐、画面与故事配合，肢体语言得当		
	总分（20＋5分）		

▶ 走进语文——设计之美

活动三　探讨探险精神（3课时）

子任务：以"探险利大于弊/弊大于利"为辩题展开一场班级辩论会。

学习目标

(1) 利用浏览、精读相结合的阅读方法阅读本单元课内外文章，圈点批注，体会与理解探险的意义，为形成辩论稿打下基础。

(2) 充分展开辩论，对探险活动的好处与坏处进行深入分析，使思维获得提升与发展。

第一课时

(1) 课前预习：

运用速读与精读相结合的方法阅读文本，标画出探险过程中的得与失。

①阅读《伟大的悲剧》，结合文本和探险历程图，标注出斯科特团队南极探险的得与失。

②阅读《太空一日》，借助小标题，结合文本和探险历程图，标注出杨利伟太空探险的得与失。

③阅读《带上她的眼睛》，结合文本内容和人物游踪示意图，标注出地心探险的得与失。

(2) 教学环节

①小组合作，分析、交流课文中所体现的探险的得与失。（20分钟）

②阅读补充资料，圈点批注，形成并总结自己对探险的得与

失的认识，完成"探险得失手册"。(20分钟)

人类探险得失手册				
篇目	得	失	自己的认识
《伟大的悲剧》			
《太空一日》			
《带上她的眼睛》			
补充资料			

补充资料如下：

一、关于探险的概念

指探赏险境。即意味着到无人或很少有人去过的地方考察。

唐僧鸾《赠李粲秀才》诗："陇西辉用真才子，搜奇探险无伦比。"

宋欧阳修《上山》诗："蹀跇上高山，探险慕幽赏。"

瞿秋白《饿乡纪程》五："我和诸同志当时也是漂流震荡于这种狂涛骇浪之中……决然想探一探险，求实际的结论。"如：到南极去探险。

根据最新版本的《现代汉语词典》，"探险"的定义为：到从来没有人去过或很少有人去过的艰险地方去考察、寻究自然界情况的活动。从其行为定性而言，带有对未知危险程度和风险发生概率的自然环境和现象进行主动寻究、考察的特征，是明知有危险却主动去探究的自我冒险行为。但是对于不同的人来说，发自内心的无与伦比的痛快才是探险的真正意义所在吧！没有尝试过探险，谁又能对探险的意义妄自菲薄呢？没有感受过那痛快淋漓的滋味，谁又能信口雌黄，断定那种痛快根本算不了什么呢？

探险，意为从事没有多少人尝试过的活动（任何新的探索总存在一定的危险性）。不管是出于个人的内在追求，还是出于工作的需要，或者科考的目的，这样一种行为，本身就具有不同寻常的意义。这是对人类探求未知世界的原始冲动的继承与发扬，也是<u>人类文明</u>更加发达的内在动力。

随着社会的进步，人们的生活水平不断提高，生活方式发生了巨大变化，活动范围也逐渐由户内转向了户外。在休闲娱乐方面，人们不再满足于传统的方式，具有更大自由空间和更多挑战刺激的自助探险受到众多人士尤其是大学生的青睐，16名复旦学子就赶了一趟时髦。

2010年12月10日，复旦大学登山协会在网络上发帖"钓鱼"，广泛征集驴友"，组团到安徽黄山探险。12月11日，18名驴友聚集到了一起，准备着此次不同寻常的探险旅行。在这18名驴友中，7人具有10次以上的户外探险经验，另7人则经验尚浅，仅有1次以上的自助探险经验，剩下的4人则毫无类似的经验；体能较弱的女生占有一定的比例；没有一人曾经走过预定的探险路线，但也没有请向导。在物资准备方面，他们带有一张等高线地图，一个GPS，一个指南针，13条羽绒睡袋，对讲机；但没有准备高风险户外运动所必备的保暖毯、大雨衣和登山杖，就连用于夜间行走的头灯都不是每个人都有配备。在天气状况方面，领队侯盼从天气预报中了解到一股寒流将侵入黄山，并期望寒流如期而至。在探险路线方面，18名驴友无视黄山风景区的管理规定，通过逃票的方式进入一片尚未开发的区域，预定在天气恶劣的情况下，实现黄山东海大峡谷穿越。如此，驴友们如期到达了黄山风景区，但天不遂人愿，12日下午，驴友们因为天下大雨和 GPS 失灵，在黄山中迷路，境况危险。在仅有一名驴友手机有信号的情况下，该名驴友通过短信向远在上海的家属求救："安徽黄山 18 人救命"并附有 GPS 坐标。而后，这位家属向上海警方报警，上海警方联系黄山警方，黄山警方动用了 200 警力连夜进行搜救行动。13 日凌晨 1 点，救援队找到迷路的 18 名驴友，并连夜护送。

二、复旦门：一次探险旅行的代价

三、探险的意义？

有人说，探险可以更好地开发地球资源，为社会进步作贡献；探险是一项很具挑战性的活动，富有刺激性，它使人活得更有意义，更能证明生命的价值。"探险"是过程，也是目的，之所以要"探险"，就是要解开那些极少有人涉足或人类从未涉足的自然之谜。所以说应鼓励探险。具体而言，探险还可以增长见识、放松身心、交到志同道合的朋友。你同意他的观点吗？

③根据观点确定正方、反方阵营，正、反方分组并简单讨论。(5 分钟)

作业：①查阅相关资料，完善己方的论据。

第二课时

(1) 课前预习：回顾辩论的相关知识，明确辩论的流程、规范和相关注意事项。

预习资料

一、什么是辩论

辩论双方彼此运用一定的理由来说明自己的事物或问题的见解，揭露对方的矛盾，以使最后得到正确的认识。

辩论赛的核心词汇就为一个"辩"字，也正如这个辩，中间一个"言",两边各自一个"辛",双方的辩手都是势均力敌,每一方都有自己的论点和论据,双方的观点都不能完全主观地评判谁对谁错,二者都有道理,双方的辩手就凭借自己的能言善辩,凭借自己的思维能力,争取这场辩论的胜利。

二、辩论赛一般流程

1. 正方一辩陈述立论　（3分钟）

2. 反方一辩陈述立论　（3分钟）

3. 正方二辩选择反方二辩或三辩进行一对一攻辩（1分30秒）

4. 反方二辩选择正方二辩或三辩进行一对一攻辩（1分30秒）

5. 正方三辩选择反方二辩或三辩进行一对一攻辩　（1分30秒）

6. 反方三辩选择正方二辩或三辩进行一对一攻辩　（1分30秒）

7. 正方四辩进行攻辩小结　（1分30秒）

8. 反方四辩进行攻辩小结　（1分30秒）

9. 自由辩论（双方各5分钟）双方辩手可以自由发言

10. 反方一辩总结陈词（4分钟）

11. 正方一辩总结陈词（4分钟）

12. 观众提问。任意辩手作答,一个问题的回答时间为1分钟,如一位辩手的回答用时未满,其他辩手可以补充（问题须经过半数以上评委审核,辩手方可作答）。

三、注意事项及评分标准

（一）立论陈词评分标准（15分）：论点明晰,论据充足,引证恰当,分析透彻。语言表达清晰、流畅;层次清楚,逻辑严密。

(二)攻辩环节评分标准(20分):提问简明,击中要害;回答精准,处理问题有技巧;表达清晰,论证合理而有力。需要扣分的情形:1. 提问内容与辩题无关,2. 发言内容不健康或进行人身攻击。

(三)自由辩论评分标准(30分):能速抓住对方观点及漏洞,驳论精到,切中要害,明确阐述本方立论和观点并博采出众。需要扣分的情形:1、对方已经明确回答的问题,仍然纠缠不清的;2、发言不健康,或进行人身攻击的;3、辩论与辩题无关;4、在一方发言完毕另一方停顿时间过长未起立发言。

(四)总结陈词评分标准(15分):语言表达清晰、流畅;层次清楚,逻辑严密;对对方观点进行质疑,同时强化本方观点,并能首尾呼应。需要扣分的情形:辩论双方应针对辩论赛整体态势总结陈词,脱离实际的背稿适当扣分。

(五)团体配合评分标准(20分):辩手配合默契,观点统一。

(2)教学环节

①正反方同学讨论辩题并推选出本方代表队,结合上节课做的人类探险得失手册自己查找的资料和本节课提供的范例(提供范例:2018年第三届朝阳区中学生时事辩论赛实录中的立论部分),形成本方的立论稿。

立论稿具体要求:

一是在演绎表达上,语意清晰、句子简练。

二是在论据运用上,论据充实,具有真实性和权威性,和自己的观点紧密相关。

三是在提问目的上，要能契合、证明己方的立论具体每个问题是服务于立论的哪个论点，驳斥对手的哪个观点等。

四是字数要求700字左右，限时3分钟。

作业：查找资料，小组开会，形成本方的自由辩论要点，思考可以如何提问对方，预设对方会提问什么，该怎么回答。

第三课时

教学环节

①正反方同学讨论辩题，结合人类探险得失手册、自己查找的资料和范例（提供范例：2018年第三届朝阳区中学生时事辩论赛实录中的总结陈词部分），形成本方的总结陈词稿。

②正、反两方在本组内模拟辩论，充分完善本方的观点和理由，为下节课正式辩论打基础。

作业：查阅资料，完善辩论稿，为辩论赛做准备。

第四课时

开展"探险利大于弊/弊大于利"班级辩论会，在公众号展示。

（1）教学环节：

①主席致辞，宣布"探险利大于弊/弊大于利"辩论会开始及辩论规则。（3分钟）

②正反双方开展辩论。（40分钟）

③学生依据评价量表打分，评出优胜队和最佳辩手。（2分钟）

作业：通过本次辩论会，深入谈谈你对探险的认识。

※补充说明：

(1) 要求：

①双方发言紧扣辩题，有理有据。

②语言流畅，声音洪亮，尊重对手，遵守比赛规则。

(2) 评价标准：

得分依据	得分（总分：100）
以文本内容和补充资料为依据，观点明确，理由充分	30分
结合生活实际，引用实例恰当	20分
普通话标准，语言表达流畅有文采	20分
提问简明扼要，回答针对性强	15分
自由辩论错落有致，气氛调节有度	15分

活动四 设计并颁发探险勋章（2课时）

子任务：设计勋章并说明理由，创作颁奖词，召开颁奖会。

第一课时选择相同人物的同学自动结为一组，讨论勋章设计图稿并说明创作理念，为"我心中的探险王"写一段颁奖词。

(1) 课前预习：

①3-5人自由组合，结成小组

②观看2020年2-3个《感动中国》人物，尝试归纳总结概括人物事迹和写颁奖词的方法。

③参考党徽、团徽、共和国勋章设计理念，初步设计"探险王"勋章草图。

(2) 教学环节：

①讨论人物典型事迹和精神，归纳总结概括人物事迹和写颁

奖词的方法。(10分钟)

②参考《感动中国》人物事迹和颁奖词，依照评价量表，小组合作，完成创作。(20分钟)

例：国测一大队山河功业存

【主要事迹】2020年5月，国测一大队第7次测量珠峰高度，最终测定珠穆朗玛峰的最新高程为8848.86米，向世界展示了我国测绘科技的巨大成就。两下南极，7测珠峰，39次进驻内蒙古荒原，52次深入高原无人区，52次踏入沙漠腹地……自1954年建队以来，国测一大队徒步行程累计6000多万公里，相当于绕地球1500多圈。国测一大队的历史，就是一部挑战生命极限的英雄史。建队以来，有46名职工牺牲，还有许多人姓名难以寻找，连一块墓碑也没来得及立。他们的生命传奇唯有大地作证。

【颁奖词】六十多年了，吃苦一直是传家宝，奉献还是家常饭。人们都在向着幸福奔跑，你们偏向艰苦挑战。为国家苦行，为科学先行，穿山跨海，经天纬地，你们的身影是插在大地上的猎猎风旗。观看《感动中国》人物节选

"人物事迹和颁奖词"评价量表：

组别	深刻评价人物事迹，突出人物精神（5分）	真挚赞美，情感饱满（5分）	语言精练简洁（5分）	表达方式灵活多样（叙述、描写、议论、抒情）（5分）	合计
第一组					

组别	深刻评价人物事迹，突出人物精神（5分）	真挚赞美，情感饱满（5分）	语言精练简洁（5分）	表达方式灵活多样（叙述、描写、议论、抒情）（5分）	合计
第二组					
第三组					
第四组					
第五组					

③参考党徽、团徽、共和国勋章设计理念，讨论"探险王"勋章草图。（10分钟）

例："共和国勋章"以红色、金色为主色调，章体采用国徽、五角星、黄河、长江、山峰、牡丹等元素，章链采用中国结、如意、兰花等元素，整体使用冷压成型、花丝镶嵌、珐琅等工艺制作，象征勋章获得者为共和国建设和发展作出的巨大贡献，礼赞国家最高荣誉，祝福祖国繁荣昌盛，寓意全国各族人民团结一心共筑中华民族伟大复兴的中国梦。

"最佳勋章"设计奖评价标准：

组别	小组合作分工明确（5分）	构图合理勋章清晰美观（5分）	解说流畅语言精练（5分）	符合人物精神有设计理念（5分）	合计
第一组					

组别	小组合作分工明确（5分）	构图合理勋章清晰美观（5分）	解说流畅语言精练（5分）	符合人物精神有设计理念（5分）	合计
第二组					
第三组					
第四组					
第五组					

④小结：如何撰写人物事迹、颁奖词及设计勋章（5分钟）

⑤作业：继续完善"我心中的探险王"人物事迹、颁奖词及勋章。

第二课时主持人宣读开幕词，学生为心目中的探险王颁奖，班级评选"最佳勋章"和"最佳人物事迹及颁奖词"，在公众号展示。

（1）课前预习：

选举两位主持人，撰写主持词，主持"我心中的探险王"颁奖会。

（2）教学环节：

①主持人宣读开幕词，宣布"我心中的探险王"颁奖会正式开始。（3分钟）

②小组依次介绍勋章设计理念并说明理由，为"我心中的探险王"创作颁奖词。

其他同学按照评价标准投票，选出"最佳勋章"设计奖和"最佳人物事迹及颁奖词"。（25分钟）

③小结：通过这几个任务的学习，你学到了什么？先与同学交流，再形成文字稿。（15分钟）

④作业：我的收获（400字左右）。

成果总结：

1. 总结各项活动，分享个人学习收获。

2. 根据公众号成果展示，评选优秀小组。

教学总结

部编版七年级下册第六单元作为本册书的最后一单元，阅读主题是"探险和科幻"，节选了国内外关于探险和科幻的文章，涵盖了传记文学、科幻小说及笔记小说等多种类型，篇幅上也超过其他单元。通过本单元的学习有助于学生体验到人类勇往直前的探险精神，从而激发学生培养科学态度和创新精神。

例如：《伟大的悲剧》中提到"对人类来说，第一个到达者拥有一切，第二个到达者什么也不是"，关于这个问题可以让学生结合阿蒙森的《首次南极探险》的选段积极讨论。让学生能够全面、客观地了解阿蒙森，同时参照资料让学生对比阅读，思考南极探险对人类、对探险者的意义，让学生思考成功和失败的意义。

▶ 走进语文——设计之美

古今传承《诫子书》

学习目标

1. 在疏通文义的基础上,理解诸葛亮的教子智慧与爱子深情。
2. 学习古典文化,联系现实生活,体会古今相通的殷切期盼。

学习重点:理解诸葛亮的教子智慧与爱子深情。

学习难点:静、俭、志、学、才的内涵及关系。

学习任务

◎ **任务一 温故知新,走近《诫子书》**

读课文翻译句子,注意重点理解加点词的意思。

1. 夫君子之行,静以修身,俭以养德。
2. 非淡泊无以明志,非宁静无以致远。
3. 夫学须静也,才须学也,非学无以广才,非志无以成学。
4. 淫慢则不能励精,险躁则不能治性。
5. 年与时驰,意与日去,遂成枯落,多不接世,悲守穷庐,将复何及!

再读课文,尝试读出你所体会到的情感。

设计意图:针对学生初步接触说理性强的文言文的畏难心理,温习第一课学习内容,进一步疏通文义,同时在理解词义句意中,领悟诸葛亮在文中寄托的对儿子的殷切期盼与深厚感情。

走进课文

◎ 任务二　情境再现——品悟《诫子书》

假如你是八岁的诸葛瞻，读到这封家书后，你会对哪个字有深刻的领悟或者问父亲怎样的问题呢？

_____
_____
_____

假如你是二十岁的诸葛瞻，在自己的加冠礼上，展读父亲留下的家书，你又会有怎样的领悟或者问父亲怎样的问题呢？

_____
_____
_____

假如你是三十七岁的诸葛瞻，在接到邓艾的招降书时，再读《诫子书》又会和父亲或者和自己，有怎样的心灵对话呢？

_____
_____
_____

链接资料

六年冬，魏征西将军邓艾伐蜀，自阴平由景谷道旁入。瞻督诸军至涪停住，前锋破，退还，住绵竹。艾遣书诱瞻曰："若降者，必表为琅邪王。"瞻怒，斩艾使。遂战，大败，临阵死，时年三十七。

《诸葛亮传》

设计意图：创设情境，拉近学生与经典之间的距离，感受诸葛瞻成长历程中父亲谆谆教诲的作用，由浅入深理解静、志、学、才的含义及关系。深刻体会诸葛亮的教子智慧和爱子深情。

问题展示：

1. 为什么诸葛亮对他儿子有这么高的要求？

2. 诸葛亮写信时为什么不写他为不能好好照顾儿子而感到愧疚呢？为什么不说一些关心儿子的话，反而强调儿子做君子？

3. 为什么诸葛亮一定要告诫自己的儿子做一个君子呢？

小辩论：诸葛亮这个父亲合格吗？

设计意图：以学生的真实问题推进，通过辩论，深入理解诸葛亮的教子智慧与爱子深情。"父母之爱子，则为之计深远。"古今父母对孩子的爱是相通的，通过父母写给孩子的家书，进一步触动学生的心灵，打通经典与学生的生活，使学生更好地理解诸葛亮谆谆教诲后的爱子情深，同时借助经典架设起与父母沟通的桥梁，对学生起到思想教育作用。

◎ 任务三 视通古今——身边《诫子书》

作业：

1. 背诵全文。

2. 理解古今《诫子书》，写一封回信。

板书设计

诫子书

静　俭

学　静　才　志

爱：古今一也

合格VS不合格

教学反思

《诫子书》虽然只有短短86个字，却纸短情长，充分体现了诸葛亮的教子智慧和爱子深情。平时非常熟悉的一篇文章，真正拿来上课，却是一波三折，感悟良多。

◎ 第一环节：温故知新，走近《诫子书》

针对学生初步接触说理性强的文言文的畏难心理，温习第一课学习内容，旨在进一步疏通文义，同时在理解词义句意中，初步领悟诸葛亮在文中寄托的对儿子的殷切期盼与深厚感情。

具体要求是：读课文理解句子，注意重点理解加点词的意思。

夫君子之行，静以修身，俭以养德。

非淡泊无以明志，非宁静无以致远。

夫学须静也，才须学也，非学无以广才，非志无以成学。

淫慢则不能励精，险躁则不能治性。

年与时驰，意与日去，遂成枯落，多不接世，悲守穷庐，将复何及！

在这个环节中，学生会出现一些理解不够准确依然按照惯性认识来解释的词，如"夫君子之行"的"行"解释为"行为"，准确理解应是"行为、品行"；"静"应解释为"宁静专一"；"须"应解释为"必须"，而不是"需要"；"淫慢""险躁""枯落"等词语的理解要准确等。温习之后，学生加深了对文意的理解，为后面的深入探究打下铺垫。

这时让学生再读课文，尝试读出悟到的情感。

◎ 第二个环节：情境再现——品悟《诫子书》。

在这里创设了三个情境：

假如你是八岁的诸葛瞻，读到这封家书后，你会对哪个字有深刻的领悟或者问父亲怎样的问题呢？

假如你是二十岁的诸葛瞻，在自己的加冠礼上，展读父亲留下的家书，你又会有怎样的领悟或者问父亲怎样的问题呢？

假如你是三十七岁的诸葛瞻,在接到邓艾的招降书时,再读《诫子书》又会和父亲或者和自己,有怎样的心灵对话呢?

创设情境的目的,是拉近学生与经典之间的距离,在具体情境中感受诸葛瞻成长历程中父亲谆谆教诲的作用,由浅入深理解"静""志""学""才"等的含义及关系。深刻体会诸葛亮的教子智慧和爱子深情。这里的情境创设考虑到学生实际,力图沿着学生真实的思维发展去唤起学生的领悟,突出了层次性。八岁的时候,对全文理解不到太深刻,但可以对某一个字有直观的认识,静、俭、志、学、才、驰、悲、成……结合文本谈认识,也就不断向着文意更深处漫溯,例如"静",学生会迅速找到文中提到"静"的三处语句,教师引导"还有哪些地方没有提静也是在强调静呢?"学生找到了"淡泊""淫慢""险躁"几处,结合自己生活去理解,就明白了这都是在强调宁静专一的重要。再如一个"学"字,在第三句出现四次,句句说"学",又句句不同。可以引导学生去理解。"悲"字是文中为数不多极富感情色彩的词,可以让学生领会"谁悲""为何而悲"。这样的一个"悟"的过程,拎出的字与字之间并不是孤立的,是不断向着其他文字延伸的,延伸的长度与厚度,基于学生真实思考。

在这个基础上给学生链接资料,提供支架,去揣摩在诸葛瞻二十岁的加冠礼上,他会怎样想,怎样问。

漫漫长夜,一盏孤灯,每一个秉烛夜读的晚上,父亲的谆谆教诲都在耳畔,那是无声的陪伴,那是最深情的守望。

这里的悟,是对父亲家书更深层的理解,是对八岁时不明白的问题答案的探寻。希望在这个环节,学生可以畅所欲言,发现字与字之间的联系,那种联系,其实是父亲一层又一层的叮咛,如"静"与"学""静"与"学""才","志"与"静""学""才","驰"与"悲","驰"与"学"……如果这里学生能畅所欲言，将是一个很精彩的环节，将用语言和思维，还原一张网，密密地，都是诸葛亮对儿子的谆谆教诲与殷切期望。

但是在实际教学中，学生在这里会出现差异，有些同学会止步于第一情景，面对这些词语，找不到说不出这种联系。这时候，应该引导学生回过头再读文本，如果出现大部分同学不理解说不出的情况，则应大胆舍弃这一环节，就去悟第一环节，让学生慢慢读，慢慢想，想明白。

自我质疑后两个情境的话可以问：学生这个年纪，怎么会理解二十岁和三十七岁的诸葛瞻想什么问什么呢？

自我回答是这样的：链接资料提供支架就是为了帮助学生更好地揣摩领悟；阅读，不就是在不断揣摩领悟中靠近当时情境里作者的思想吗？

似乎可用。

前两个情境顺利结束，第三情境会水到渠成，教师提示语营造氛围：

诸葛瞻带着父亲的殷殷嘱托，严词拒绝了邓艾的招降，斩了邓艾的招降使者，和儿子诸葛尚，在绵竹之战中双双阵亡。诸葛瞻战死时年仅37岁，他的儿子诸葛尚年仅17岁，后人感慨他们的忠义，修建了诸葛双忠祠来纪念他们。再想到诸葛亮54岁病死军中，诸葛一家三代忠烈，可谓竭忠尽智。

年与时驰，岁与日去，请你悟一悟，37岁的诸葛瞻，面对邓艾的诱降，又会与父亲有怎样的心灵对话呢？

到这里，不足以充分理解《诫子书》对儿孙的深远意义，又

以学生的问题推进，梳理回顾学生的思维发展脉络，

学生问题回顾：

1. 为什么诸葛亮对他儿子有这么高的要求？

2. 诸葛亮写信时为什么不写他为不能好好照顾儿子而感到愧疚呢？为什么不说一些关心儿子的话，反而强调儿子做君子？

3. 为什么诸葛亮一定要告诫自己的儿子做一个君子呢？

可以看到，学生普遍关注的是父亲对儿子生活中的陪伴照顾，而这与诸葛亮《诫子书》表现的"父爱"似乎就有了矛盾。抓住这个矛盾点，设计一个小辩论：

诸葛亮这个父亲合格吗？

通过辩论，深入理解诸葛亮的教子智慧与爱子深情。

他教给儿子的，是修身成人的根本道理，让他在大是大非问题上保持清醒的头脑；他的儿子，在不断的学习领悟成长中成为一个"富贵不能淫，贫贱不能移，威武不能屈"的"大丈夫"。

引导学生结合文本思考，诸葛亮是一位怎样的父亲？此处要注意，除了爱，还有智慧，它不仅告诉儿子要成为什么样的人，还告诉他怎样成为这样的人。

如果让你在最后补上最重要的一个字，你会用哪个字呢？

例如"爱"："父母之爱子，则为之计深远。"

至此，完成三个情境的递推。需要特别注意的是学生理解有差异时，教师要有调控力删减并替，不能被动，不能机械。在理解的过程中，还要不断引入学生的生活体验，如"你最需要其中哪一句？"

第三环节 ：视通古今——身边《诫子书》

古今父母对孩子的爱是相通的，通过父母写给孩子的家书，

进一步触动学生的心灵,打通经典与学生的生活,使学生更好地理解诸葛亮谆谆教诲后的爱子情深,同时借助经典架设起与父母沟通的桥梁,达成一定德育目标。这里又要注意,这个环节并不是游离于文本之外的,恰恰相反,这个设计帮助学生进一步理解《诫子书》,而回复家书,则是在理解的基础上的运用,这封回信是要结合"学习《诫子书》的感受展开的。

在实际教学中,这个环节收到了很好的效果,很多学生接过父母的家书非常激动,这是第一次通过书信的形式与父母交流,而学习过《诫子书》,就理解到父母的教诲,来自父母的饱含深情的嘱咐,又让学生更好地理解了《诫子书》。领悟到古今相承的家书文化之无限魅力。

此物最关情——以物写人、寄情于物

写作目标

1. 熟悉"以物为线，寄情明理"的行文思路。
2. 教会学生"以物写人"的方法。

概念诠释

这一类记叙文，主要通过对具体事物的叙述描写来抒发情感或表明看法，它包括两种形式：托物抒情和托物喻理。

所状之"物"可以是动物、植物，也可以是物品等。

所状之"物"一般比较具体而集中。

方法引领

取材于极平常、极琐屑的生活小事

这些小事是从生活之树上采撷下来的最有光彩的枝叶，是从生命的长河中摄取的最动人的镜头。它们是生活的浓缩，又是生活得闪光。因此，越是平常，越是琐屑，就越觉得真切感人。

运用细节描写

细节是表现对象的富有特色的细枝末节，是生活中细微而又典型的情节。它不易被人察觉，却极富表现力。对其加以突出的描绘，能使表现对象血肉丰满。正所谓：细微之处显真情。

写好状物类记叙文，必须注意：

一、仔细观察，抓住事物特征。

例：

那是力争上游的一种树，笔直的干，笔直的枝。它的干通常是丈把高,像加过人工似的,一丈以内绝无旁枝。它所有的丫枝一律向上,而且紧紧靠拢,也像加过人工似的,成为一束,绝不旁逸斜出。它的宽大的叶子也是片片向上,几乎没有斜生的,更不用说倒垂了。它的皮光滑而有银色的晕圈,微微泛出淡青色。这是虽在北方风雪的压迫下却保持着倔强挺立的一种树。哪怕只有碗那样粗细,它却努力向上发展,高到丈许,两丈,参天耸立,不折不挠,对抗着西北风。 ——《白杨礼赞》

二、记叙有详略,描写有层次。

例:

我是从姑妈那里听到关于父亲得了癌症的噩耗的,懵懂的我第一次对"癌症"一词有了初步的印象。那些日子天是灰的,父亲不久将要离开我们的阴霾笼罩着全家。(事件背景略写)父亲的烟吸得更加频繁了,母亲望着父亲那日渐消瘦的脸庞,不止一次去劝父亲:"把烟戒了吧!"每当这时,父亲都会用他那爬满老茧的双手反复擦拭烟斗,铜质烟斗显得越发锃亮。父亲深情地回望着母亲,眼神依然那样淡定,刚毅,坚强:"让我再吸一袋吧,反正这也于事无补!"母亲知道她是拗不过父亲的。父亲一生没什么嗜好,可这烟却是他的命根子,这时母亲就会接过烟袋,为父亲精心地装上一袋他亲手种的旱烟,点燃。父亲每次吸过烟后,都会引发一阵阵剧烈的咳嗽,母亲这时就会悄悄地低下头,眼里满含了泪水:"娃,你长大后会吸烟吗?""不!"我斩钉截铁地回答道。(与物相关的事件细节详写) ——《烟斗》

三、运用想象、比喻、象征等(有时仅仅是一句话),可起到托物言志,寄托情怀,深化文章主题的作用。

例:

它没有婆娑的姿态,没有屈曲盘旋的虬枝。也许你要说它不美。如果美是专指"婆娑"或"旁逸斜出"之类而言,那么,白杨树算不得树中的好女子。但是它伟岸,正直,朴质,严肃,也不缺乏温和,更不用提它的坚强不屈与挺拔,它是树中的伟丈夫。当你在积雪初融的高原上走过,看见平坦的大地上傲然挺立这么一株或一排白杨树,难道你就只觉得它只是树?难道你就不想到它的朴质,严肃,坚强不屈,至少也象征了北方的农民?难道你竟一点也不联想到,在敌后的广大土地上,到处有坚强不屈,就像这白杨树一样傲然挺立的守卫他们家乡的哨兵?难道你又不更远一点想到,这样枝枝叶叶靠紧团结,力求上进的白杨树,宛然象征了今天在华北平原纵横决荡,用血写出新中国历史的那种精神和意志?

——《白杨礼赞》

评:反问句直接地引发读者的思索联想,加以排比使语势更加强烈。

枣树已不像枣树,它的枝干横七竖八地支棱着,像个无助的老人,被风雪肆虐,痛苦好像都深深烙在了充满白雪的树疤里。没有了昔日龙卷风般的气势,没有了昔日生命的年轮,存在着的,也只有那些摇摇欲坠的木头罢了。

我心中的那棵枣树呢?闭上眼,思绪徜徉在回忆的路上。

——《枣树》

评:简单的一个比喻,看似无意,实则有心,暗引读者的思绪联想到枣树的主人姥爷。

猫逃出去了,我的心却久久难以平静。然而,我终归还是没有收养这只猫,我只是在心里收留了她。时间依旧流过,日子照样过活。这只断尾猫还在人们的白眼和厌恶里不停地流浪,她漂泊在这个巨大而又拘囿的校园里,食人之剩食,吃人之遗屎。所幸的是她逃离了毒药的危险，可以安静的活下去，可以照样地健壮。

我想，幸而她不是人！　　　　　　——《一只断尾猫》

评：通篇都在写猫，结尾发人深省。由猫及人，深化主题。

四、状物记叙文以记叙描写为主，根据中心的需要还可以说明、议论和抒情；写人、记事、写景、状物只是侧重不同，根据中心的需要，可以综合运用。

写作实践

推荐题目："＿＿＿＿的＿＿＿＿"，前边横线上填人物，后面横线上填一实物，比如"爸爸的酒"，"妈妈的新衣"，"外婆的葡萄架"等等。或自拟题目。不少于800字。

要求：1、第一个空填一个人，第二个空填一件物，将题目补充完整。如：妈妈的葡萄架、爷爷的三轮车

2. 记叙详略得当，情感真挚。

3. 不得抄袭，不少于800字。

学生作品

爸爸的老相册

窗外的天空被夕阳渲染出灿烂的橙红色，似燃烧的火焰。落叶被秋风吹散，多了几分斑驳。鸟鸣声侵入耳畔，若隐若现的身影渐行渐远。窗内的灯光忽明忽暗，衬着墙上的一幅幅画，回忆在脑海涌现。我迈着轻轻地步子走到爸爸的卧室，已经老旧的书柜显出几分沧桑，我的视线静静地扫着，余光瞥见角落处有些受损的硬壳相册，久不能移。

"还挺重的，真不好拿。"我嘴里不停絮叨起来。好不容易拿了下来，还差点摔个人仰马翻，眼神中多了几分疑惑。"怎么那

么多灰呀?"我埋怨地说道,还同一个相册较着真。翻开一页,仍然是布满灰尘,照片上映现出一个不过一两岁大的小女孩,眼尖的我一眼便识了出来,扑哧笑出了声。我眼疾手快,不过看了两眼便翻过好几页,似乎没有什么能入我眼的新奇东西。不耐烦的我将这厚厚的相册一笔带过,整个人瘫在床上,仰望洁白的天花板,心里打着许多小算盘。忽然我坐起身来,想合上相册,却被一张照片深深地吸引着。那张照片已经泛黄了,边边角角残缺不齐,照片上有着不少的褶皱,没有颜色,只是一张普通的黑白照片。我望着它出了神,照片上是一个不过十几岁的少年挺拔的身影,大概放了太久,已经看不清面容了。我的眉毛不自觉拧在了一起,像黄昏与烈日纠缠着,不解照片上的人是谁,但是总有几分似曾相识的感觉。我拿着照片小跑到爸爸的面前,指着照片上的人大声叫道:"老爸,这个人你认不认识?"爸爸似是被吓了一跳,立马站了起来,眼睛里浇灌着火花,放下手中的报纸后却露出浅浅的笑容,轻声开口道:"来让爸爸好好看看这是谁啊!"他盯着照片端详着,笑容渐渐消失在慈祥的面庞上,视线从未离开过那张破旧的照片。他的眼角处还有几条鱼尾纹,两鬓的头发有些泛白了,我看着他挪不开的眼睛,眼神中有种说不出的感觉,似乎在诉说着什么,却欲言又止。许久,他终于慢慢开口道:"这个啊,是爸爸年轻的时候,已经看不出来了吧!"话音刚落,他的脸上再次展露出了笑容,眼神中透露出几分无奈。他没再说话,只是静静地看着报纸。

　　回到房间后,我拧紧的眉头早已怅然,我懂得爸爸话里的意思,便没有再做过多的询问。窗外的月光洒进我的窗内,我仔细回味着。又是一缕不散的秋风吹过,我望向窗外,微微笑了笑。

奶奶的十字绣

　　尖锐的银针在布料前后穿梭，彩色的毛线在布面上跳跃，缤纷的彩线在奶奶手中有了生命，在洁白的世界翩翩起舞。奶奶心灵手巧，在她的手下，诞生了许多幅栩栩如生的十字绣作品，无一不惊人。小时候我一闲下来就喜欢坐在奶奶身旁，吹着夏日的海风，静静地看着她缝十字绣。

　　奶奶手指上戴着顶针，捏着针线，轻松地将线穿过了画布，左手连贯地接过了穿过去的针，一气呵成。一个动作接着一个动作，以匠人般的手法缝纫着十字绣。我在旁边看得专注，眼睛中闪烁着星星，"奶奶奶奶，我也想学十字绣！该怎么制作诶？"小孩子的世界总是充满着好奇。奶奶举起手中的针，讲道："学习十字绣的第一步，是要学会穿针！"她向我示范着动作，轻而易举地把线穿进了针尾上芝麻大小的孔洞。奶奶的手法娴熟，对她来说轻而易举地操作在我手中却困难得不得了。我手中的线就像不听话的小蛇，绕着针孔打转，急得我有些不耐烦。

　　后来，我渐渐地可以和奶奶一样顺利地把线穿到针孔里了。但奶奶的手却抖了起来，奶奶手指上依然戴着陪伴她数年、早已生锈的顶针，拼尽全力捏着针线，不受控制的手一次又一次地捅着画布，她扶了扶老花镜，艰难地把针穿了进去。奶奶努力克服着自己发抖的手，把最后一幅十字绣作品赠给了我。

　　刚出生时，我收到了人生中的第一份礼物，来自奶奶的一幅小猪十字绣；乔迁新居，奶奶给我们全家缝了一幅建筑十字绣……这些不仅仅是艺术品，更是无尽的爱。这份爱，十足珍贵。

　　现在每当我路过十字绣的店铺，那2016年夏日的海风便会扑面而来。

奶奶的三轮车

记忆中，奶奶总骑着三轮车，乘着早上和煦的风赶往早市。她的笑容就像一缕阳光，温暖着每个人。

奶奶的三轮车有一定"年龄"了，它的车链早已锈迹斑斑。车轮上的漆不见了踪影，只留下了光秃秃的铁杆，骑起来时还会"吱呀"地响，像播放着音乐的磁带被划破了一样。时间的车轮在奶奶脸上印下了一道道褶皱，她头上的青丝变成了白发，银色的发丝在阳光下随着微风肆意飞舞。手中的蒲扇摇啊摇，那是岁月洗去了青春的激情，留下了温柔与坚韧。

每当清晨的第一缕阳光穿过云层，奶奶的三轮车就会出现在楼下的小道上。她与三轮车并排走着，就像两位好友。三轮车时不时会发出声音，他们在畅谈趣事。奶奶步履蹒跚，岁月的风霜悄无声息爬上了她的眼角。但骑上三轮车后仿佛就变了一个人，是脚踏风火轮的女侠。她佝偻的背好似直了起来，三轮车给她注入了新的活力。

时间飞逝，几年后三轮车因为太旧被家里人扔掉了。奶奶听到这个消息后呆呆地坐在窗前，盯着以前停放三轮车的角落。我说："奶奶，还会有新的送来。"奶奶却只是笑了笑，不语，眼角却闪烁着晶莹的泪花。过了一周，新三轮车送了过来，它不再发出奇怪的声音，取而代之的是清脆的铃声。闪闪发亮的红色车漆上盛开着朵朵牡丹。可奶奶却没那么喜欢它，时常抱怨不舒服。

一天下午，奶奶推着新三轮车下了楼。看着她远去的背影，我忽然想起了从前的她与三轮车。我忽然明白她为什么怀念那辆破旧的三轮车了。因为他们是同龄人，是同行人，还是一起看过风景的朋友。

脑海中又浮现了奶奶和三轮车,他们有一场和岁月的约会。

妈妈的"小花园"

妈妈的"小花园"总是那么美丽与神奇,承载了我童年中的惊喜和成长。在我的印象中,妈妈的"小花园"总是一片绿油油的世界,和大自然一样生机勃勃。

玩偶南瓜的叶子庞大得想为土壤遮风避雨,矮番茄的嫩叶上已然结出了成熟硕大的黄灯笼,妈妈新买的绣球花在角落里暗暗生长着,心想绝不输给其他竞争对手。站在"小花园"中,眺望外面的世界,再看看我的房间,不禁想起了之前的故事……

当我揉着惺忪睡眼从床上苏醒,妈妈却早已不见了踪影。今天是我的生日,"妈妈是不是去蛋糕店给我买蛋糕去了?"我自己心里想。但不一会儿"后花园"中不小的动静打消了我的这个念头。"一向做饭不熟练的妈妈不会在给我做蛋糕吧……"我在心里再次暗暗发问,但自己的直觉告诉我这是一件不可能的事情。"哐"的一声,妈妈打开房门走出来了,额头上豆大的汗珠和红润的脸颊险些暴露自己正在暗暗进行的神秘事件。看到这,我不禁再次考虑那个猜想,想到底这是不是一个不同寻常的惊喜。中午时分,太阳悬挂在碧空中,在金黄色光斑的闪耀下,蓝天瞬间显得清明、澄澈。

房屋中响起了《生日快乐歌》,妈妈也端着并不好看的蛋糕慢慢向我靠近,果然给了我一个大大的惊喜!这是妈妈第一次尝试自己亲自做蛋糕,并用"后花园"中精美的植物作为点缀,愈发好看!

这是我吃过的最有心意的蛋糕!

如果说妈妈的"小花园"给我带来了许多惊喜,那么"小花园",也见证着我的成长。2022年新年伊始,妈妈就应单位要求,火速集结,以最好的状态迎接北京2022冬奥会。这样一来,妈妈的"小花园"就没有人看管了,我就成了"后花园"的新晋主人。匆忙之中,妈妈也不忘给我培训,什么时候浇水,什么时候施肥……

一天晚上,在我给我最心爱的矮番茄浇水的时候,我发现了一张纸条,在好奇心的驱使下,我连忙打开,看到里面有这样的内容:

浩丞,当你看到这张纸条的时候,你有可能是在为植物浇水,也有可能是无意间发现的。当你看到这张纸条的时候,妈妈已经不在家了,妈妈已经去冬奥会当志愿者了,三个月以后才能回来。之前你一直和爸爸有很多矛盾,但在这三个月当中,一定不要和爸爸发生争吵,一定要和平相处。也许你现在还不明白妈妈为什么一定要去当志愿者,当你大了你自然就会明白了。三个月的时间很快就会过去,照顾好爷爷奶奶,妈妈相信你!当你看到冬奥会精彩的开幕式和典雅的闭幕式时,你就看到我了,我也在看着你。这是你的成长,也是我的成长,我们一起成长!加油!

看到这儿,泪水不禁打湿了我的脸颊。我把这些植物完美地交给妈妈,也许就是对妈妈最好的表达!三个月之后,妈妈凯旋,当妈妈看到自己的"小花园"中洋溢的"笑脸"时,脸上也露出了满意的微笑。原来,"小花园"还能给人带来愉悦。

就这样,在不知不觉中,"小花园"已经陪伴我走过十三个春秋,而我也见证了这十三度春秋中植物地盛开与凋谢!也许这就是成长,我们三者共同的成长!

鸿雁传书　见字如面

导　语

鸿雁传书，见字如面。书信是传递情感、表达期许的传统方式。拿起笔吧，将心底的情感化为深情的文字，传递给洒下汗水与热泪的土地，传递给与自己朝夕相伴的师长、挚友；传递给过去的、现在的、将来的自己……

◇给老师写信

◇给同学写信

◇给自己写信

……

书信内容可以是回忆与老师、同学共度的美好时光，表达感恩与留恋；可以畅想美好的未来，表达真诚的祝愿；可以对朋友提出中肯的建议，进行真诚的沟通……

方法指导

一、格式正确

用书信这种方式表达出内心深处的感受，首先要注意书信格式要求。

书信的结构：问候语、正文、祝福语、署名、日期

二、语言得体

中国是礼仪之邦，语言表达尤其讲究得体。就书信这种文体说，应注意如下方面：

1. 恰当地称呼收件者，把握好尺度。

书信开头要礼貌得体地称呼收件人。为了表示尊敬、亲切，可在称谓前加上"尊敬的"或"亲爱的"等词。

2. 开头结尾一般要有问候语。

开头常写"你好"或者"您好"，开头问候语是称呼换行空两格写。结尾常写"祝您顺利"之类，若是尊长可使用"此致""敬礼"。

三、情感真挚

1. 先选择好一个最想倾诉的对象，选择依据：

最有感情，最有话说，对他（她）有特殊的难忘的记忆。

2. 说些什么？

可以回忆过去的点点滴滴，可以倾吐别离的不舍，可以畅想美好的未来，可以送上诚挚的祝福与勉励……

拓展练习

写给十八岁自己的信

要求：你在成长中锻炼、思考、成长，当十八岁的时候，你会拥有一个隆重的成人礼，你希望在步入成年人行列的时候，遇到一个怎样的你呢？请给十八岁的自己写一封信，回顾成长，展望未来，然后存到时光瓶中留给18岁的自己吧。不少于450字。

写作指导：这是一封书信，要符合书信的基本格式。这是一封写给十八岁的自己的信，要与十八岁成人节点的自己展开心灵对话，站在今天畅想十八岁的自己，对今天的自己提出希望与勉励。对未来的自己有很多期许，可以列出来，从中选择最重要的两到三个点，做到详略得当，重点突出。

范文示例

附：写给十八岁的自己

01 亲爱的十八岁的王钰菲

你好呀！

你是不是正漫步在大学的校园里？和同学探讨着未来？我真想看看你现在长得有多高？样子有多大的改变？考上的是哪所大学？学的是什么专业？今天给你写信是想问问你是否还记得这场新型冠状病毒？现在的你是不是对生命的意义有了新的认识呢！

这场疫情的到来，让我们看到了生命的脆弱、顽强与宝贵，不禁让我静下心来思考生命的意义。

我觉得生命的意义首先就是活着，活着才有完整的生命。每个生命在活着的时候才能体现它的价值与意义。衣食住行撑起生活，希望撑着生命。说是活着，好像很容易的事，但是实行起来还是有很多困难。比如说你很快就会面临找工作，找不到工作就很难有饭吃。所以现在一定要用功读书，学点儿真本领。尊严是靠劳动得到的，很多时候人们的努力就是为了得到尊重，这样才感觉到生命的意义。你觉得呢？

生命这东西高贵而又脆弱，所以我们得学会去呵护它，不要让它轻易地受到伤害。生命要有顽强的精神，就算是失败了也没什么可怕，摔倒了爬起来，抖抖身上的灰尘重新上阵。如果觉得实在是过不了的坎，你就想我们生来的时候就不带什么东西，现在只是把人生中的一种可能给走了一遍，一切从头再来又有何不可。再说了，失败了不是又学到了怎么保护自己吗，所以没必要气馁。多一点人生经历，生命才能更彰显它的顽强可贵。人的意义与价值需要自己谱写，可以浓墨一笔，也可以蜻蜓点水。用爱抒写生命，灿烂之花就会开得更鲜艳。所以我想嘱咐你一定在面对困难时不退缩，勇往直前，我相信你一定可以做到的，我更相信通过你的努力一定会书写出自己最美好的人生。

  祝

  一切都好

十三岁的王钰菲
写于 2020 年 3 月 14 日

走进语文
——思考之美

当语文课堂没有了琅琅书声;当指尖没有了飞扬的才思;当情感淡漠,情怀缺失,心泉枯竭;当我们只能无奈地在喧嚣里中浮沉……是该回归语文的初始,审视已走过的和将来要走的路了。

语文课堂培养学生思考力的教学策略

语文课,常被批评为少慢差废,仿佛老师讲与不讲,讲多讲少,学生听与不听,听多听少都一样。义务教育《语文课程标准》明确指出:语文课程"应特别关注汉语言文字的特点对学生识字写字、阅读、写作、口语交际和思维发展等方面的影响","在发展语言能力的同时,发展思维能力,学习科学的思想方法"。从根本上说,在语文课堂上对学生思考力的培养重视不够是一个比较普遍的问题。

思考力是对事物本质的一种探究与认知能力,包含发现力、批判力、解决力等,参与、支配着人的一切智力活动,是语文学科素养的重要组成部分,义务教育阶段是思考力培养的关键阶段,下面从三个方面谈一谈在语文课堂培养学生思考力的教学策略。

在境中思

境指情境。在境中思,情境任务驱动学生在某种具体情境中更好地进行文本阅读,进行语言的体味揣摩,从而引起学生兴趣,帮助学生拓宽思路,培养思考力。教师要善于创设与学生生活环境、知识背景密切相关的、学生感兴趣的学习情境,让学生在阅读、思考、探究、交流、归纳、运用、反思等活动中逐步体会知识的产生、形成与发展的过程,感受语言的美,获得积极的情感体验,学生在情境中获得积极的情绪与持续的动力,愉悦感转化为内驱力,提高思考力。

以《诫子书》教学为例,第二个环节是情景再现——品悟

《诫子书》。

在这里创设了三个情境：

假如你是八岁的诸葛瞻，读到这封家书后，你会对哪个字有深刻的领悟或者问父亲怎样的问题呢？

假如你是二十岁的诸葛瞻，在自己的加冠礼上，展读父亲留下的家书，你又会有怎样的领悟或者问父亲怎样的问题呢？

假如你是三十七岁的诸葛瞻，在接到邓艾的招降书时，再读《诫子书》又会和父亲或者和自己，有怎样的心灵对话呢？

创设情境的目的，是拉近学生与经典之间的距离，在具体情境中感受诸葛瞻成长历程中父亲殷谆教诲的作用，由浅入深理解"静""志""学""才"等的含义及关系。深刻体会诸葛亮的教子智慧和爱子深情。这里的情境创设考虑到学生实际，力图沿着学生真实的思维发展去唤起学生的领悟，突出了层次性。八岁的时候，对全文理解不到太深刻，但可以对某一个字有直观的认识，静、俭、志、学、才、驰、悲、成……结合文本谈认识，也就不断向着文意更深处漫溯，例如"静"，学生会迅速找到文中提到"静"的三处语句，教师引导"还有哪些地方没有提静也是在强调静呢？"学生找到了"淡泊""淫慢""险躁"几处，结合自己生活去理解，就明白了这都是在强调宁静专一的重要。再如一个"学"字，在第三句出现四次，句句说"学"，又句句不同。可以引导学生去理解。"悲"字是文中为数不多极富感情色彩的词，可以让学生领会"谁悲""为何而悲"。这样的一个"悟"的过程，拎出的字与字之间并不是孤立的，是不断向着其他文字延伸的，延伸的长度与厚度，基于学生真实思考。

在这个基础上给学生链接资料，提供支架，去揣摩在诸葛瞻二十岁的加冠礼上，他会怎样想，怎样问。

▶ 走进语文——思考之美

漫漫长夜，一盏孤灯，每一个秉烛夜读的晚上，父亲的谆谆教诲都在耳畔，那是无声的陪伴，那是最深情的守望。

这里的悟，是对父亲家书更深层的理解，是对八岁时不明白的问题答案的探寻。希望在这个环节，学生可以畅所欲言，发现字与字之间的联系，那种联系，其实是父亲一层又一层的叮咛，如"静"与"学""静"与"学""才"，"志"与"静""学""才"，"驰"与"悲"，"驰"与"学"……如果这里学生能畅所欲言，将是一个很精彩的环节，将用语言和思维，还原一张网，密密地，都是诸葛亮对儿子的谆谆教诲与殷切期望。

前两个情境顺利结束，第三情境会水到渠成，教师提示语营造氛围：

诸葛瞻带着父亲的殷殷嘱托，严词拒绝了邓艾的招降，斩了邓艾的招降使者，和儿子诸葛尚，在绵竹之战中双双阵亡。诸葛瞻战死时年仅37岁，他的儿子诸葛尚年仅17岁，后人感慨他们的忠义，修建了诸葛双忠祠来纪念他们。再想到诸葛亮54岁病死军中，诸葛一家三代忠烈，可谓竭忠尽智。

年与时驰，岁与日去，请你悟一悟，37岁的诸葛瞻，面对邓艾的诱降，又会与父亲有怎样的心灵对话呢？

这样的情境，首先调动起学生的想象力，想象在不同时期不同处境下，诸葛瞻对父亲家书的理解领悟，枯燥的说教有了温度，激发了学生思考的兴趣。其次，学生在学习过程中真思真悟，前后比较，辩证思考，提升了思考的深度和广度。

在疑中思

思考从质疑开始。苏霍姆林斯基说："在人的心灵深处都有一种根深蒂固的需要，这就是希望自己是一个发现者、研究者、探索者。"

　　语文思考力课堂应具备三种意识：学生提出问题的意识，教师盘点问题的意识，师生探究问题的意识。挖掘难点，探究思维，培养学生解决问题能力。在新课程改革下的语文探究式学习中，教师更要善于抓住疑难点，引导学生探究性思维，让学生去发现和探究疑难、突破疑难。

　　整堂课以问题的提出与解决为主线来展开。可以是教师提出问题，也可以是学生提出问题，教师迅速分析，找到最具代表性的问题。问题要合理设置，注意问题的质量，由知识性问题转向思考性问题，尽量减少是或非的简单问题，增加需要综合想象、判断、评价、推理等复杂思维活动的高水平问题；同时注重问题的系统持续性。问题成为学生不断思考的动力。

　　学习《蜀道难》，想在多方面培养学生的鉴赏诗歌的能力，设计了一个主问题"蜀道难在何处？李白是怎样表现出蜀道之难的？"让学生自选角度，如一个字一个词，一个意象，一种手法，一种情感都可以，必须有自己的联想和感悟。在主问题引领下，学生既有明确的思考方向又有开阔的思维空间，把自己的感悟和阅读全部调动起来。

　　学习《雨的四季》，一位同学提出这样一个问题：为什么作者说只有在雨中我才感到这世界是活的，感到欢笑和泪水？

　　这个问题是一个可以点亮全篇的好问题。

　　教师提示学生到前文中寻找答案，学生在春雨中，找到这样的句子：

　　"每一棵树仿佛都睁开特别明亮的眼睛，树枝的手臂也顿时柔软了，而那萌发的叶子，简直就起伏着一层绿茵茵的波浪。水珠子从花苞里滴下来，比少女的眼泪还娇媚。""整个大地是美丽的,小草像复苏的蚯蚓一样翻动,发出一种春天才能听到的沙沙声。"

在夏雨中,找到这个段落:"如果说,春雨给大地披上美丽的衣裳,而经过几场夏天的透雨的浇灌,大地就以自己的丰满而展示它全部的诱惑了。一切都毫不掩饰地敞开了。花朵怒放着,树叶鼓着浆汁,数不清的杂草争先恐后地成长……"

春雨和夏雨的活力跃然纸上,秋雨呢,没有春的萌发和夏的蓬勃,为什么在秋雨和冬雨也会感到世界是活的呢?

秋雨让人冷静与沉思,这种活是灵魂深处的活,冬雨则自有别样的温暖,结合生活体验思考,学生有了更深刻的理解。

有梯度的问题使思考更为严密。如《散步》设计的问题链:

1. 用一个字概括这篇文章,你会选择什么字?结合文本具体内容说一下理由。

爱、和、美、家、担、背、春

2. 请你把这些字中的任意两个放到一起,你会怎样选择?结合文本深入思考说一下选择的理由。

爱、家

背、家

爱、担、美

……

3. 把这些字连起来写一段话,表达你阅读后的感受,你会怎样写?可以打乱顺序,表意要清晰完整。

在辩中思

辩:展开深刻辩论。思考力课堂将"辩论"视为培养学生品行和深化思维能力的重要手段。思考力课堂之"辩"是建立在独立思考基础上来展开的。可以先在小组内发表自己的见解,小组内展开辩论，也可在全班内以个人或代表小组的方式表达观点，展开辩论。

以《诫子书》为例，学生的问题推进思考，梳理回顾学生的思维发展脉络，

学生问题回顾：

1. 为什么诸葛亮对他儿子有这么高的要求？

2. 诸葛亮写信时为什么不写他为不能好好照顾儿子而感到愧疚呢？为什么不说一些关心儿子的话，反而强调儿子做君子？

3. 为什么诸葛亮一定要告诫自己的儿子做一个君子呢？

可以看到，学生普遍关注的是父亲对儿子生活中的陪伴照顾，而这与诸葛亮《诫子书》表现的"父爱"似乎就有了矛盾。抓住这个矛盾点，设计一个小辩论：

诸葛亮这个父亲合格吗？

通过辩论，深入理解诸葛亮的教子智慧与爱子深情。

他教给儿子的，是修身成人的根本道理，让他在大是大非问题上保持清醒的头脑；他的儿子，在不断的学习领悟成长中成为一个"富贵不能淫，贫贱不能移，威武不能屈"的"大丈夫"。

最后引导学生结合文本思考，诸葛亮是一位怎样的父亲？此处要注意，除了爱，还有智慧，它不仅告诉儿子要成为什么样的人，还告诉他怎样成为这样的人。

如果让你在最后补上最重要的一个字，你会用哪个字呢？

例如"爱"："父母之爱子，则为之计深远。"

至此，在辩论中完成思考的递推。

总之，语文思考力课堂做到在境中思，情境有实度；在问中思，问题有梯度；在辩中思，争辩有力度；实现思考有深度，学习有效度。

一棵小桃树，细品滋味长

——品肖培东老师四方杯示范课《一棵小桃树》

读书有味，可谓布衣暖，菜根香，诗书滋味长，听肖培东老师《一棵小桃树》，亦深有此感，他说是浅浅地教，我却需细细地品，品之再四，深感一棵小桃树，细品滋味长。

巧用旁批，设计有滋味

当肖老师把书中的五处旁批都呈现在屏幕上，我是既敬佩又心存疑惑的。敬佩的是，这节自读课，肖老师直接抓住五处旁批来架构起整个课堂，"看似寻常最奇崛，成如容易却艰辛"，要经历一番怎样的取舍才能找到这个最简易有效的思路，现成的好问题我们往往视而不见，非要再去冥思苦想另辟蹊径，有时反而深陷个人洋洋自得的窠臼失去了语文教学的本真。备课之一要备编者，要明白编者的编排意图，这不是缺乏个性，而是一个执教者必备的素质，好的执教者会舍得用功夫把这个意图发挥到极致。五处旁批引领着学生走进文本，正像一枚枚银针，精准点穴，打通文脉，深入骨髓。

1. 寻常的情景，不寻常的情感。

2. 课文中一些描写反复出现，比如多次描写小桃树"没出息"。散文中这类地方，往往寄托着深意，要仔细体会。

3. 是什么使"我"遗忘了小桃树？

4. "蓄着我的梦"的桃核长成了树，而且真的开了花。作者仅仅在写花吗？

5. "我"的情感在这里来了一个转折，你读出来了吗？

我疑惑的是，这相当于提了五个大问题，一节课五个问题，该怎样处理呢？

看肖老师不紧不慢地引导：

这篇文章共有几个批注？

批注提了几个问题？

第三、四、五这三个批注是直接以提问方式出现的，默读课文，思考：

这三个问题，自己能解决的是哪一个？

学生很快回答了两个简单问题，第四个批注提出的问题轻松答出，很容易发现文章不仅仅在写花，作者也是能开花的小桃树。老师强调旁批里有些词在提示学生读书，如这里的"仅仅"。

第二个学生回答的是批注三，学生用了文中的句子。读了整个第七段。老师说读了这么多不稀奇，概括出来才有味道，请你把它概括出来。又请了一位同学完善补充。

两处批注的理解，两个问题的解决，两种读书方法的习得，在不知不觉间均已完成。

第五个批注的问题有难度，那就不着急，留一留。

哪个批注在告诉我们读文章的方法？最后聚焦到批注二隐含的问题——最能显现小桃树没出息的是哪个词？

学生反复读文，选择用"委屈、猥琐、瘦弱、瘦瘦的"等词来诠释"没出息"，接着将目光投向全篇：文中还有哪些词可以表现出小桃树的"没出息"？蓄势已足，只待张弓，自然到了第五个批注——情感的转折，问题转化为作者为什么写这一棵小桃树，内容上情感上方法上的妙处就一一出来了，回归第一个旁批：寻常的情景，不寻常的情感。用一个字来写小桃树会用哪个字？此刻，情感喷薄，汇为珠玉，金声玉振，动人心扉。回头再想，五处旁批，引导学生自会读书，设计极简约，滋味却悠长。

反复体会，品读有滋味

大处简约设计，小处反复体会，这一个"反复"，肖老师做得到位。

反复体会文中的"没出息"，批注二提示的"反复体会"这一读书方法是这样呈现的：

朗读品读。先请一位同学把写没出息的小桃树的样子的句子读出来，补充完整后全班再读，又请一位角落里的孩子再读。整体认识到小桃树没出息的外形后，开始品读，请同学们找出最能体现小桃树没出息的词，学生找到委屈，读所在原句，又齐读这一句。

换词品读。哪些词能阐释"委屈"？不健康、猥琐、瘦弱、弱小、软弱、不自信、毫无生气、可怜……这么多词，都没有说，就用了"委屈"这个词。

联想品读。长得瘦的同学可以说长得很委屈，多吃一点饭别让自己长得太委屈。

对比品读。不应是瘦瘦的，应该是壮壮的。不应是黄黄的，应该是绿绿的。

能否换成瘦的、黄的？用一个词来说是"面黄肌瘦"，这哪里是在写树，分明是在写人！

再品再读。文中还有哪些词写出小桃树的没出息？

"紧抱"，你什么时候紧抱着？ 害怕时，紧张时，寒冷时……害怕、脆弱、孤独、无助、可怜，写出了小桃树的委屈、没出息。

再找到"一碰……""立即……""拱""竟"，反复赏析。

拓展品读。在全文中还有哪些句子写了小桃树的"没出息"？

"看我的小桃树在风雨里哆嗦"

"它长得很慢……样子也极猥琐。"

"却开得太白了,太淡了,那瓣片儿单薄得似纸做的,没有肉的感觉……"

"从未有一只蜜蜂去恋过它,一只蝴蝶去飞过它……"

"像一只天鹅,羽毛渐渐剥脱,变得赤裸的了,黑枯的了。"

"好书不厌百回读,熟读深思子自知",贴着文本,反复体会,品读有滋味。

敏锐抓点,升华有滋味

课堂上的肖老师,睿智敏捷,善于发现并抓住一切宝贵的教学突破点,一切可用的突然生成的教学资源,经他妙手点化,铁石成金。

  抓住反复点,体会特殊的联系;

  抓住传神点,揣摩语言的高妙;

  抓住对比点,体会构思的精巧;

  抓住突发点,生成奇妙的资源;

  抓住转折点,达成情感的升华;

  抓住空白点,掀起情感的巨澜;

  ……

以最后两点为例再来领悟。

学生反复品读之后,情感喷薄已是水到渠成,需要一个点来引出巨澜,肖老师抓住这个转折点绝不放过。

为什么要写这棵委屈得没出息的小桃树呢?抓住"然而"去想吧!写树原来为了写人,小桃树经历的风雨委屈"我"何尝没有经历过,它经历了风雨依然顽强开花,我那梦想的种子孱弱却始终在成长,那小桃树,是梦想、幸福、风浪里航道上的指示灯,是梦的精灵,是奶奶呵护的我的梦,那梦够美够有力量。

"我常常想要给我的小桃树写点文章,但却终没有写就一个字来。"抓住这个遗憾的空白,就来写一个字吧!这神来之笔瞬间点亮全篇。

敬、梦、好、我、怜、美……

肖老师当场连成的一段话缀玉连珠,画龙点睛,真令这一株小桃树华彩熠熠,生机勃勃。语文老师,应该是有灵性的读书人,时刻保持着对语言的高度敏感,善于捕捉住学生一闪而过的思维火花,敏锐抓点,巧妙升华。

自读导引,发现有滋味

《一棵小桃树》是部编版教材七下的一篇自读课文,语文课标中提到:义务教育阶段的语文课程,应使学生初步学会运用祖国语言文字进行文字交流沟通,吸收古今中外优秀文化,提高思想文化修养,促进自身精神成长。叶圣陶先生说:"学生须能读书,须能作文,故特设语文课以训练之。最终目的为自能读书,不待老师讲;自能作文,不待老师改。老师之训练必须做到此两点,乃为教学之成功。"

从语言出发,抵达精神的成长;从语文课上的训练读书、训练作文出发抵达课上课下自能读书、自能作文,这是精神与能力的双重抵达。我惊喜地看到,在这节自读课上,在教师适当引导下,学生潜入了文本,伸出思维的触角,与编者、作者、师者、读者展开了一次次精彩的对话。在这对话中,开启一场神奇的发现之旅,在层层碧波中,不断发现奇珍,学生的阅读力与思考力在有梯度的提升。我们从学生的视角随学生的脚步,去理一理这些奇妙的发现:

发现1:自读课文的阅读方法——借助批注自己阅读。

发现2：读书与思考同在，关注批注中的特别之处——问题，思考并解决问题。

发现3：不是仅仅写花，还有对奶奶的怀念和哀思（尚浅）

发现4：不仅仅写奶奶，还有自己（贴近作者的文意）

发现5：作者的不甘与执着使他遗忘了"我的小桃树"。在纷繁里迷失，在迷失里自省。

发现6：作者对农村处境与生活的不甘心，他要像小桃树一样开花。此刻发现了"我"和小桃树的密切关联。我即小桃树，小桃树即我，二者形神相像。

发现7：进一步发现读书方法：抓反复，细体会。

发现8：小桃树长得很"委屈"，原来"委屈"的内涵可以那么丰富。委屈的小桃树让人爱怜。

发现9：委屈的何止是小桃树！写树为了写人，委屈的人看着这棵委屈的树，与它有了情感的共鸣。

发现10：比"断"更有表现力的是"立即"，比"长"更有表现力的是"竟"。孩子们发现的眼光独到起来，关注到语言的深层，关注到文字背后的情感力量。

发现11：更多反复表现小桃树"猥琐""没出息"的语句，柔弱身躯的哆嗦，苦涩花开的苍白，不愿光顾的蜂蝶，风雨里的俯身与挣扎，在文字里发现了一株立体的"猥琐"的小桃树。

发现12：为什么写小桃树？与作者进行一场心灵的对话。你经历了怎样的生活，这株小桃树对你意味着什么，它给予了你什么？

发现13：写小桃树，有对奶奶的怀念，但是用意绝不限于此，发现了奶奶说的话，梦想花开的幸福；再想，奶奶的离开也是人生路上又一场风雨啊，但奶奶说，无论怎样，要有梦呵，梦

会开花呀！（呼应发现3，深刻）

发现14：如果说发现了"敬""念""好"等字是发现了文章的深刻与作者的情感，发现"我"字则是发现了文章的精髓与编者的用意。状物文怎能无我！回头再看单元提示：王国维"以我观物而物皆着我之色彩"，"在山川溪泉间听见生命的回响，在花草树木间发现人生的影子"。我激动地发现：此时，孩子们在字里行间发现了"文中有我、我手我心"的读文写文的核心要义。

发现15：孩子发现了"美"，审美教育水到渠成，猥琐着的生长，风雨里的挣扎，花开的落寞，梦想的孤寂皆是人生，皆为大美！

……

一节自读课，一次自由丰盈的发现之旅，从语言出发，抵达精神的成长，能力的提升，自能读书，自能作文。愈读书，愈发现，愈有味。

浅浅地开始，浅的是设计的简约，方法的简捷，课堂的简真；深深地抵达，深的是语言的精妙，精神的滋养，生命的丰盈。恰似撑一支长篙，于星辉斑斓里师生一起放歌，余韵悠长，拨动心弦的歌声，直抵灵魂深处。肖老师说："语文教师是言语生命意识的传递者。"沉潜涵咏，用心读书，我仿佛又听到他在轻声细语地和孩子们说："读出来的同学先别急着把它告诉别人，要让他自己也慢慢地研读出来。"

浅浅地教语文，尊重学生的认知，教学生老老实实地读书，枝繁叶茂绝不繁冗芜杂，俊秀劲挺绝不旁逸斜出，贴着文本，贴着语言，贴着学生的认知，贴着语文的根脉，去凝视，去发现，就这样，站成语文最美好的姿态。

文以载道　以文化人

——传统文化视域下的课程育人探索与实践

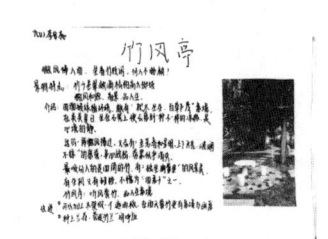

学生希望在自己的园林里种下的花木，松、竹、梅、兰、菊颇多，他们的内心，在园林文化的诗意浸润之下，已经播下了一颗美好品行的种子。

一 "君子比德"，文化重品

孔子曰：夫昔者君子比德于玉焉。温润而泽，仁也；缜密以栗①，知也；廉②而不刿③，义也；垂之如队④，礼也；叩之其声清越以长，其终诎然⑤，乐也；瑕不掩瑜、瑜不掩瑕，忠也；孚尹⑥旁达，信也；气如白虹，天也；精神见于山川，地也；圭璋特达，德也。(《礼记·聘义》)

注释：①栗：坚硬。②廉：有棱角。③刿（guì）：刺伤。④队：通"坠"。⑤诎然：指声音戛然而止。⑥孚尹：指玉的光彩。⑦圭璋（guīzhāng）：一种用作凭信的玉器。比喻有才德的人不用别人推荐也会有成就。比喻人资质优异，才德出众。

译文： 孔子说：从前君子用玉比喻美德。玉温润而有光泽，象征仁；质地细密而坚实，象征智；有棱角而不伤人，象征义；悬垂则下坠，象征礼；敲打它，声音清脆悠扬，然后戛然而止，象征乐；玉的瑕疵不掩藏玉的光彩，玉的光彩也不掩盖玉的瑕疵，象征忠；色泽晶莹透明，光彩外发上下通达，象征信；气如长虹，无所不覆，象征天；蕴藏于地下，神采却展现于山川，象征地；朝聘用玉制的圭璋做凭信，象征德。

翩翩君子，温润如玉。中华民族在对自然美的欣赏上，常把自然的美和人的精神道德情操相联系，花草树木一直就被比于君子之德。与梅同疏、与兰同芳、与竹同谦、与菊同野、与莲同洁。

——重品，正是中国艺术独特的取向。这里的品指"品格"。

对人品格的重视，是中国传统文化的一个重要特点。

翻开文化的长卷，孔子"岁寒然后知松柏之后凋也"的背后，是一位大丈夫，风雪志不改，凛然天地间。郑板桥"衙斋卧听萧萧竹，疑是民间疾苦声"的背后是一位好官，心系黎民苍生，饱含人间关怀。在传统文化的园地里，文学、艺术都成为"品"的载体，文以载道，诗以言志，这里的道与志，正是"德"之道，"品"之志。

杜甫说"随风潜入夜，润物细无声"。

中华优秀传统文化，是中华民族在漫长历史长河中淘洗出来的智慧结晶，既呈现于浩如烟海、灿烂辉煌的文化成果，更集中体现为贯穿其中的思想理念、传统美德、人文精神。积淀着中华民族最深沉的精神追求，代表着中华民族独特的精神标识，是中华民族生生不息、发展壮大的丰厚滋养，是中国特色社会主义植根的文化沃土，对延续和发展中华文明、促进人类文明进步，发挥着重要作用。

如何在传统文化视域下用课程育人，是我们正在思考和探索的问题。

二 致广大而尽精微

《中庸》有言"故君子尊德性而道问学，致广大而尽精微，极高明而道中庸。"

这句话的意思是说，君子应当尊奉德行，善学好问，达到宽广博大的境界又深入到细微之处，达到极端的高明又遵循中庸之道。

这样的极致境界如何达成呢？若要致广大，必要尽精微，通过极细微的日常生活，一草一木，体悟领会，内化于心，外显于行。

《轩榭寄幽情——中国园林之美》的教学，正应秉持"致广大而尽精微"的思考，将"美德"寄于仰止亭，寄于远香堂，寄于沧浪，寄于木樨香，寄于荷风四面……力求让学生在品读中顿悟一种情怀，静沐一缕春风。

为大家介绍这样的一个课程设计与实践。

从德育目标表述上，有如下改进：

1.0版：从园林图画美特点挖掘其诗意美特质，适度提升到园林文化，从画意到诗情，上出文化之美，树立文化自信。

这里的"上出文化之美"是很有问题的，文化之美应是在文字里体味到的，美好德行是化育而成的，它在明月夜，草木间，在扁舟上。怎能是上出来？

▶ 走进语文——思考之美

学习课标关于传统文化的表述：

"立足核心素养，彰显教学目标以文化人的育人导向教师应理解核心素养的内涵，全面把握语文教学的育人价值，突出文以载道、以文化人。把立德树人作为语文教学的根本任务，清晰、明确地体现教学目标的育人立意。引导学生在学习语言文字运用的过程中，逐步树立正确的世界观、人生观、价值观，体认和传承中华优秀传统文化、革命文化、社会主义先进文化，积淀深厚的文化底蕴，增强文化自信。"

有了如下修改后的德育目标点

2.0：在阅读中调动积累，借助想象、再创作完成阅读任务，体会中国园林的诗意美，体悟艺术境界，体会、认知和自觉传承中华优秀传统文化。

课标对于情境非常重视："语文课程应引导学生热爱国家通用语言文字，在真实的语言运用情境中，通过积极的语言实践，积累语言经验，体会语言文字的特点和运用规律，培养语言文字运用能力；同时，发展思维能力，提升思维品质，形成自觉的审美意识，培养高雅的审美情趣，积淀丰厚的文化底蕴，继承和弘扬中华优秀传统文化、革命文化、社会主义先进文化，增强对习近平新时代中国特色社会主义思想的理解和认识，全面提升核心素养。"

为了消除情境与学生的隔膜，尚真求联向语，在设计过程中，数易其境：

1.0阅读与中国园林相关的文章，结合中国园林文化带给你的启发，为"校园微景观"设计宣传名片，让校园更具文化魅力。

2.011月校园文化节要向外界展示校园风貌，学校要对校园微景观进行美化，让校园更具文化气息。现向同学们征集创意作品。

阅读与中国园林相关的文章，结合中国园林文化带给自己的启发，为"校园微景观"设计图文并茂的宣传页。

3.0：11月传统文化节要征集最美微景观宣传页，展示具有中国传统文化特色的微景观，请你阅读与中国园林相关的文章，盘点你心中的最美风景，结合中国园林文化带给你的启发，为你心目中的"最美微景观"设计宣传页。

区别是什么呢，前面的设计，都给了学生一个固定的范围，指定的对象，为任务而任务。虽然2.0版已经收到了不错的效果，但是，依然停留在"看山是山"的层面，学生没有完全打开心灵，用了生硬的力量为校园的风景加上几句诗，种上一些花木，写上一副对联，于是有了3.0版的情境，这里更加注重学生的阅读体验，注重他作为一个独立的个体的真实体验。这里在李主任建议下选取了朱良志《曲院风荷》作为重要上课资源，核心环节是选取关键词品读相关文字，每一个学生希望了解的关键词背后都是一段富有启发性的语段，在品读中触发学生心灵，达到顿悟与澄明。在这基础上再次拿起笔去筑一个心园，我们看到，华枝春满，花好月圆。心灵的洗涤与德育教化，都在无形之中。

在资源的选择上，我们遵循"从课标与教材出发，适当拓展"的原则，披沙拣金，精心选择。

关于资源的课标表述如下：

"调动多元主体，丰富课程资源类型语文课程资源既包括纸质资源，也包括数字资源；既包括日常生活资源，也包括地域特色文化资源；既包括语文学习过程中生成的重要问题、学业成果等显性资源，也包括师生在语文学习方面的兴趣、爱好和特长等隐性资源。"

总之，尊重学生主体地位，清晰定位德育目标，在情境任务推动下，调动起丰富的教学资源作为载体，任务驱动、品读鉴赏、想象联想，在潜移默化中培养学生的审美创造能力以及形象思维能力；园林文化的博大精深，士大夫的清逸洒脱，给学生带来心灵的洗涤，增加学生对于中国传统文化的喜爱与认同，提高学生的文化自信。

以上是《轩榭寄幽情——中国园林之美》的设计。这是我们为落实义教课标关于传统文化的要求，基于部编版初中语文教材而进行的中华优秀传统文化单元设计中"衣食住行古风遗韵"微课程的一个。

通过梳理传统文化微课程主题，从德育浸润、思想传承、礼仪文化、饮食起居等方面入手，以学习任务群为基本实施路径，开发基于2022年义务教育课程标准的中华优秀传统文化微课程，形成结构化系列微课程案例。

①德——经典诗文德育浸润微课程
②思——诸子百家思想传承微课程
③美——江河山岳自然风物微课程
④雅——礼仪之邦文明雅让微课程
⑤趣——衣食住行古风遗韵微课程

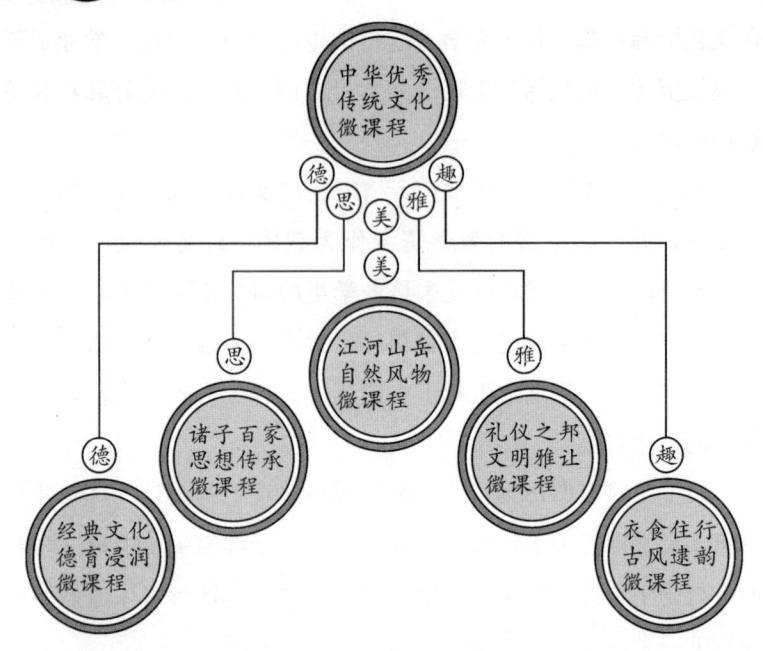

在每个微课程中又衍生出系列微课程，以"趣"课程之"建筑中的传统文化"微课程系列为例，基本内容如下图所示：

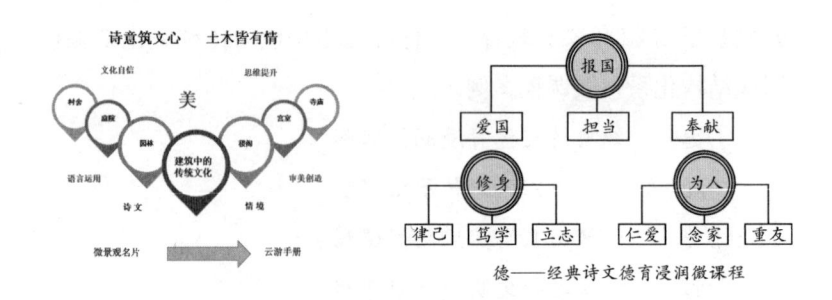

德——经典诗文德育浸润微课程

> 走进语文——思考之美

\	\	德——经典诗文德育浸润微课程	\
层面	维度1	维度2	维度3
修身	律己 《爱莲说》 《陋室铭》 《诫子书》	笃学 《论语》十二章《礼记》一则《送东阳马生序》	立志 《望岳》《登飞来峰》《天将降大任于斯人也》
处世	仁爱 《卖炭翁》 《山坡羊》 《得道多助，失道寡助》 《醉翁亭记》	念家 《无题》 《次北固山下》 《天净沙秋思》 《夜雨寄北》	重友 《白雪歌送武判官归京》送杜少府之任蜀州》《闻王昌龄左迁龙标遥有此寄》《吕氏春秋》
报国	爱国 《观沧海》 《登幽州台歌》 《春望》 《渔家傲》 《过零丁洋》 《破阵子》	担当 《观沧海》 《江城子》 《破阵子》 《木兰辞》 《满江红》 《出师表》	奉献 《茅屋为秋风所破歌》《鱼我所欲也》 《岳阳楼记》

结合学生生活，探索以基于学生核心素养提升的微课程组织实施的实践路径，实现传统文化教学的情境性、实践性、综合性。

中华优秀传统文化语文微课程开发

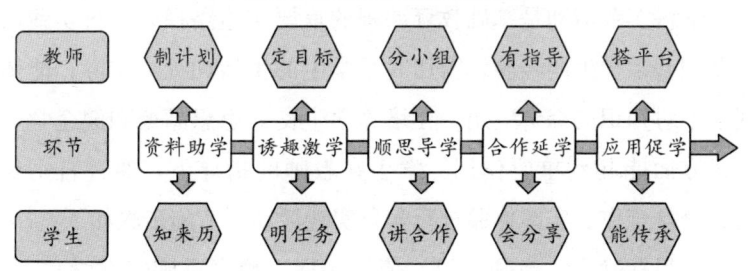

教师	制计划	定目标	分小组	有指导	搭平台
环节	资料助学	诱趣激学	顺思导学	合作延学	应用促学
学生	知来历	明任务	讲合作	会分享	能传承

三 以文化人 润品育能

育人是教育的根本,课程是育人的主渠道。我们的传统文化课程是学校润泽德育课程的一部分。

在传统文化视域之下,学校确立了"润品育能,筑基未来"的核心办学理念,遵循贯通性、导向性、主体性、选择性四个原则,建构了独具学校特色的"润泽德育"课程体系。

(一)"润泽德育"课程体系的文化诠释

我校以润泽言教育,润:是指育人理念、育人方式和育人过程,即回答怎么培养人的问题,要像细雨润物一样,循序善诱,润物无声,让其自由生长;泽:光泽,亮点,是指育人的质量,即回答培养什么人的问题,培养"品""能"双全的时代新人。

(二)"润泽德育"课程育人目标

基于学校"润养会思想的卓越行动者"的育人目标,从认知、情感、意志、行为四个维度把育人目标进一步细化,确定了学校"一标四维十二品"的德育课程目标。十二品基于学生年龄差别,遵循学生成长和育人规律,循序渐进、有机展开。

(三)课程实施路径

1. 在学科实践中落实德育点

学科实践活动是基础教育课程的重要实施路径。学科实践活动课程基于学生的经验,密切联系学生的生活和社会实际,能体现学生对知识的综合应用,在培养学生良好思想品德和健全学生人格方面能起到重要作用。学生在教师的指导下,通过自主探究、分享合作、实践体验进行学科实践活动。实施步骤如下:

①目标确立。教师教研,依据课标、德育点确定教学目标,

学生理解目标，熟悉内容。

②方案制定。教师教研，结合学习内容、德育点设计活动方案，学生了解方案明确任务。

③课堂学习。教师讲授知识方法，德育渗透，学生习得知识方法，产生情感共鸣。

④课外实践。学生运用方法解决问题，获得情感体验，教师进行指导提升。

⑤成果展示。学生进行成果展示，教师指导评价，完成学习任务，达成德育目标。

例如"走近鲁迅"学科实践活动，学生来到鲁迅纪念馆，感受鲁迅精神，品读相关作品，收到心灵的陶冶。"追寻安贞之美"学科实践活动，首先围绕单元学习重点设计任务，让学生利用假期去寻找、发现、记录学校所在社区安贞的美，然后用课本中学到的方法去表达美，最后在学校和社区展示美。抓住语言这个核心要素培养学生的听说读写能力，学生在做中学，在发展语言能力的同时，发展思维能力，提升审美能力，基于课本又超越课本，实现课程整合，厚植家国情怀，落实立德树人总目标，实现学科育人实践育人的完美结合。

2. 在结构化教学中落实学科德育点

学校基础教育课程实施中另一条重要路径是结构化教学，即在单元教学中落实德育点。挖掘育人要素，优化教学设计，以课标为指南，以核心素养为导向，以大概念为统领整合课程，对教学内容进行适度结构化。结构化教学强调学习的关联性和深刻性，注重聚焦核心目标，围绕核心问题，创设问题情境，设计有梯度的学习任务，让学生感受到知识之间的逻辑关联，在解决问题中触类旁通，提高课堂教学的效益，加深学生的理解、体现情感共鸣，有利于德育目标达成。结构化教学可以采取专题学习、项目学习、群文阅读、学习任务群教学、议题式教学等不同形式。

（四）实施策略

1. 生活为导向，实施生活德育策略，联系生活实际，解决实际问题

德育源于学生真实生活，教师注重选择学生易于接受的形式，采用讲故事、案例分析、模拟法庭、情景剧、时事辩论等方式，借助现代信息技术，联系生活，让学生在情境中体验，在活动中感悟，把道理讲明、讲深、讲透、讲活，沟通心灵、启智润心、激扬斗志，培养学生联系生活实际，解决实际问题能力。例如，在《古今传承〈诫子书〉》第三环节：视通古今——身边《诫子书》教学环节，通过父母写给孩子的家书，进一步触动学生的心灵，打通经典与学生的生活，使学生更好地理解诸葛亮谆谆教诲后的爱子情深，借助经典架设起与父母沟通的桥梁，达成一定德育目标。很多学生接过父母的家书非常激动，这是第一次通过书信的形式与父母交流，而学习过《诫子书》，就理解到父母的教诲，来自于父母的饱含深情的嘱咐，又让学生更好地理解了《诫子书》。领悟到古今相承的家书文化之无限魅力。

该设计"来自生活又回归生活"，以生活为导向，将理论与实践相结合，使课堂所学能够指导生活实践，深入浅出，形式灵活，易于理解和接受。

（2）以体验为重点，实施润泽德育策略，注重实践育人，体验育人。

学校充分考虑九年一贯制特点，遵循学生成长规律，设计既符

合学段要求又按照学段衔接的一体化德育实践课程，以体验为重点，实施"润泽德育"。其重要特色是一体化综合实践育人，旨在让学生通过实践参与、体验、感悟、内化等形式，丰盈内在成长的力量。如在理想信念系列教育中采取如下策略：一是开展传统文化实践活动，结合中华传统节日开设二十四节气德育课程，例如在端午节，走进孔庙、国子监等实践基地，传承精神、积淀文化底蕴；二是设计爱国教育实践活动，如天安门观升旗仪式，参观国家博物馆、抗战馆等，根植爱国情怀；三是开展志愿服务实践活动，让学生走进社区进行学雷锋、关怀慰问老人、环保巡河等活动，在劳动和奉献中服务社会、彰显价值；四是开展游学实践活动，如山东儒家文化之行、陕西历史文化之行。德育实践体验课程，根据学段特点有所侧重，小学段突出传统文化实践和爱国教育实践，中学段在此基础上侧重志愿服务实践和游学实践，让学生从形式、内容、理念上全方位地感受理想信念教育的意义，学生在体验中陶冶、在实践中浸润，在活动中成长，在思考中进步，在认知上升华，成长为博闻强识、审辨笃行的润泽少年。

（3）以融合为趋向，实施协同德育策略，家校社一体，学科组联合，形成育人合力。

在育人过程中，坚持协同配合策略，充分发挥学校主导作用，引导家庭、社会增强育人责任意识，提高对学生道德发展、成长成人的重视程度和参与度，形成学校、家庭、社会协调一致的育人合力。其中，家庭教育是基础，学校教育是关键，社会教育是家庭教育和学校教育的延伸，学校着力构建学校、家庭和社会形成完整立体的育人网络。首先，学校健全协同育人机制。完善"学校（校部）—年级—班级"三级家委会机制，建立家长学校和家长教师协会，成立膳食委员会。其次，加强家庭教育指导。学校积极开展家风主题活动，举行"好家长"评选，成立"家校共育大讲堂"、开展校部开放日等。最后，"家庭教育是学校教育的基础，社会教育是学校教育的延伸"。构建社会共育机制，学校充分整合和利用社会资源，搭建平台，让学生走出校门，走进社会，参与学雷锋、码放共享单车、关怀慰问老人、护河巡河等公益活动，真正实现家、校、社"联动"，共育成长。

（4）以发展为追求，实施生本德育，以学生为主体，建设高质量的育人体系。

学校润泽德育课程实施，把学生置于主体地位，多维融合，聚力建设高质量的育人体系。关注学生的成长规律、认知能力和身心特征，注重德育建设的连贯性和可持续性，既做到从时间上不断层，做好年段的衔接和贯通；又做到从空间上不留白，做到学校、家庭、社会教育的三结合，从而为学生奠定一生的坚实基础。"润泽德育"课程在课程建构与实施中实现了育人整体目标和德育目标的融合、不同学段学科育人目标的融合、三层次五系列育人课程间的融合、基于情境活动的课堂与社会的融合，从不同维度指向学生发展，对教育教学富有实际指导意义，提升了学生的道德品性及对社会的责任感和使命感，有助于培养全面发展的人。

育人九年，奠基一生。我们将以"润"的育人方式，培养学生之"品性"，发展学生之"能力"，"五育"并举，适性扬才，立德敦品，弘毅励行，润养少年学子，培育时代新人。

今天，以"让核心素养落地"的学校课程展示为契机，回顾过往，试看明朝，学校传统文化视域下润泽德育课程必将绿叶华滋，硕果累累。

在真实情境中实现学科文化育人策略举措

【摘　要】树立"课程育人、文化育人、活动育人、实践育人、管理育人、协同育人"思想，大力发展理想信念、社会主义核心价值观、中华优秀传统文化、生态文明和心理健康教育。在育人过程中注重创设真实情境，将学科文化与育人目标紧密结合

【关键词】真实情境　学科文化　育人　反思　追寻　传承

《中共中央国务院关于深化教育教学改革全面提高义务教育质量的意见》强调："深化课程育人、文化育人、活动育人、实践育人、管理育人、协同育人。大力开展理想信念、社会主义核心价值观、中华优秀传统文化、生态文明和心理健康教育。"在育人过程中注重创设真实情境，将学科文化与育人目标紧密结合的几点实践，收到良好效果。

吾日三省吾身——在反思中成长

学生升入初中以后，学识不断丰富，逐步接触到各种文化经典，并表现出浓厚的兴趣，《论语》作为儒家经典著作博大精深，孔子的智慧传承千年依然熠熠生辉。大可治国理事，小可齐家修身。在班级管理过程中，撷取点滴便可收到事半功倍的良好效果。

在班级建设中汲取《论语》智慧，收效最为显著的是"三省吾身"的思想：

"吾日三省吾身：为人谋而不忠乎？与朋友交而不信乎？传

不习乎?"取三省之意，建立班级层级反思制度。

读书笔记每日反思。

学生每天完成一篇读书笔记，要求在读书笔记上开辟"一日反思"栏，反思自己一天的表现，自己满意的是什么，不满意的是什么，后面要怎么做。字数不限，态度要认真。学生会对自己一天的表现有一个梳理：有的会反思自己的课堂表现，是否做到积极思考积极发言；有的会反思自己的作业完成情况以及改错情况；有的会反思与同学相处是否融洽；有的同学会反思到老师给予的表扬与批评，自励，自勉……

情况说明重点反思

如果有同学违反了班级公约，比如迟到两次以上，被老师点名批评两次以上，作业不能认真完成等，就要写出情况说明，在全班宣读，这个说明，要求时刻以"我"为主语，认真反省自己出现这种情况的思想根源，认识对个人以及班集体的危害，寻求解决问题的办法。许同学因为做广播体操时态度不认真被查操员警告，按照要求写了情况说明，他对自己的行为做了非常深刻的反省，并且在行动上积极落实，此后的广播体操都做得非常认真。脊背挺直了，胳膊伸直了，脚下站稳了，动作干脆有力，充满阳光少年的青春活力。

原则问题全班反思

有的同学，会严重触犯班规。在这时候，我们的反思升级为班级反思，在教室后面设立了省身榜，如果某位同学犯了严重的错误，他要写出情况说明，班级宣读，然后全班同学就这件事发表看法，同时将自己的想法写到彩纸上贴到省身榜，可以不提这位同学的姓名，自己也匿名，这样大家可以畅所欲言。姜同学和刘同学在餐厅因为小事起了冲突，损害了个人和班级的形象，同学们在省身榜上这样说"希望你可以克制一下自己的情绪，可以回来告诉老师，而不是在公共场所发生冲突，这样损害了个人和班级形象"，这两位同学非常惭愧，认识到了各自的错误，相互道歉，并在全班保证再也不会这样不顾场合冲动打架；陈同学做眼操没戴红领巾，给班级减了分，致使班级失去了流动红旗，同学们非常痛心难过，在省身榜上这样说"要戴好红领巾，不要让其他同学的努力白费！"陈同学非常惭愧，表示以后一定会改正，而且主动承担起班级查操员的任务。同时班级设置了发现成长专栏，请同学们观察某一位同学的成长，发现他的进步，匿名写到班级小星上，张贴到发现成长栏，同学们去观看的时候，会对着一句句热情真诚的赞美反思自己的言行，向着好的方向发展，同时会品尝到被同伴认可的喜悦，促使自己更加努力。

  反思，是将制度约束内化为自身约束的过程，促使孩子们在自省自警中自律自觉，在反思中不断成长。

追寻安贞之美——培养家国情怀

  追寻安贞之美的课程是一个大情境大任务。

  我们学校所在的安贞社区是孩子们从小学习、生活的地方，是一个非常温馨美丽的家园。这个课程围绕单元学习重点设计了任务，让孩子们利用假期去寻找、发现、记录安贞的美，然后用课本中学到的方法去表达美，最后在学校和社区展示美。身边可触可感的美润泽着孩子的心灵，他们找到了社区里的风景美、人情美，找到了海棠花溪的美，找到了社区涂鸦墙的美，找到了安贞书屋的美，孔子雕像的美，剪纸艺术的美等等，当然，更找到了我们校园里的美。

走进语文

同学们很善于发现身边的美。在同学们的介绍中，我们看到了一个美丽多姿的安贞。这里，既有优美宜人的自然风光，又有和谐宜居的生活环境，更有浓郁厚重的文化气息，孩子们感受到生活在这样的家园是多么幸福！

寻找不是最终目的，接下来让学生用自己的语言描写美，抵达美。孩子们在寻找中探索、思考，一篇篇图文并茂的作品，成为沟通心灵的桥梁。这个寻找与思考的过程中，孩子们增长了思考力，提升了表达力和审美力，同时，更加热爱自己的家园和祖国；学校与社区也有了更好的互动，实现了课堂、课程、社会全方位育人的目标。叶圣陶先生讲语文的外延即生活，语文学习和学生的实际生活息息相关，学语文最好的途径，莫过于贴着生活学。抓住语言这个核心要素培养学生的听说读写能力，在发展语言能力的同时，发展思维能力，提升审美能力；要发挥语言学科的优势，实现课程整合，落实立德树人总目标。

课的结束语是这样的：

无论你是在烟雨江南，还是在大漠塞北，是在繁华的都市，还是在美丽的乡村，都要记得，脚下这片土地，是你最美丽的家园，是值得你用一生去热爱的地方！

古今传承《诫子书》——在传承中感受亲情

《诫子书》虽然只有短短 86 个字，却纸短情长，充分体现了诸葛亮的教子智慧和爱子深情。

在教学中第三环节设计的是"视通古今——身边《诫子书》"。

古今父母对孩子的爱是相通的，通过父母写给孩子的家书，进一步触动学生的心灵，打通经典与学生的生活，使学生更好地理解诸葛亮谆谆教诲里的爱子情深，同时借助经典架设起与父母沟通的桥梁，达成一定德育目标。这里又要注意，这个环节并不是游离于文本之外的，恰恰相反，这个设计帮助学生进一步理解《诫子书》，而回复家书，则是在理解的基础上的运用，这封回信是要结合"学习《诫子书》的感受展开的。

在实际教学中，这个环节收到了很好的效果，很多学生接过父母的家书非常激动，这是第一次通过书信的形式与父母交流。学习过《诫子书》，理解到父母的爱来自于饱含深情的嘱咐，从而更好地理解了《诫子书》，领悟到古今相承的家书文化之无限魅力，对祖国博大精深的文化也产生了自豪之情。

知行合一，实践育人

《中国教育现代化2035》提出了推进教育现代化的八大基本理念：更加注重以德为先，更加注重全面发展，更加注重面向人人，更加注重终身学习，更加注重因材施教，更加注重知行合一，更加注重融合发展，更加注重共建共享。

《教育部等11部门关于推进中小学生研学旅行的意见》指出中小学生研学旅行是研究性学习和旅行体验相结合的校外教育活动，是学校教育和校外教育衔接的创新形式，是教育教学的重要内容，是综合实践育人的有效途径。可见，研学是实现教育现代化的一条重要途径，我校的润泽课程在"润泽教育"的统领下，以"润品育能，筑基未来"为核心办学理念，以"润养会思想的卓越行动者"为育人目标，学校高度重视学生研学实践活动，将研学课程纳入学校拓展型课程的体验系列。成功组织"追寻红色记忆、传承精神价值""访六朝古都，绘江南诗篇""赴曲阜故里，悟圣人精神"等研学活动，积累了一定的研学经验，形成我校的"知行合一，实践育人"润泽体验课程研学特色。下面我结合"追寻红色记忆、传承精神价值"陕西研学活动进行汇报。

首先介绍一下这次研学整体的整体方案，方案包括1. 朝阳区中小学研学申请审批表（京外）2. 朝阳区中小学研学课程实施方案（京外）3. 学生研学评价 4. 研学学生安全注意事项学生会 5. 陕西研学活动课程计划 6. 外出研学活动学校安全预案 7. 外出研学活动文化公司安全预案 8. 外出研学活动文化交流中心安全协议。

首先，外出研学安全是头等大事，研学前要做好充分的部署，保障安全研学，"开开心心研学去，高高兴兴回家来"要充分做好研学预案，多部门协调，落实各方责任。比如学校对随行人员职务、年龄、特长、学科都做了最优质的组合。

3. 基于学科，融会贯通。

学校安排各组骨干教师集体教研，精心设计研学课程，尤其是制订研学目标，实现从微观学科实践到宏观跨学科综合社会实践的层级提升。

例如，这次红色研学活动的课程目标是：

1. 亲临革命圣地延安，探寻战争岁月里中国共产党的红色革命精神，学习革命背景

知识、感悟一代代革命人士的红色情怀。

及兵2、通过对秦始皇兵马俑以及华清池的参观，实地学习秦朝统一六国的历史背景马俑之所以被称为世界八大奇迹，同时探讨中国一些重大历史事件发生的背景、过程及产生的深远影响。

3. 探访被称为国粹的鼻祖秦腔，学习古老戏剧知识。

4. 通过对大、小雁塔实地参观，了解佛教文化在中国的传播历程，以及佛教传入后对中国社会的广泛影响。

5. 通过探访钟鼓楼、回民街，感受浓郁鲜明的回坊风情，了解陕西源远流长的民间文化，思索丝绸之路对陕西的影响。

教师细致分析学情，充分考虑课堂与研学的内容衔接：

1. 初一初二年级已经学过有关延安的水土关系、气候等对人类生产生活产生巨大影响的相关学科知识。在地理学科中已经

完成了有关黄河的一系列知识的学习。如水土流失、含沙量大、水文特征等。此次安排的安塞腰鼓活动更好地体现了黄土高原地广人稀的人文关系，它的舞姿豪放、声音嘹亮，这些特点都和它的地理环境密不可分。（学生敲安塞腰鼓，观壶口瀑布）

2. 初一、初二语文学科已经完成《黄河颂》、贺敬之的《回延安》、梁衡的《壶口瀑布》相关课文的学习，同时为了更好地将名著拓展与高中知识结合，学科组也落实了《长恨歌》《秦兵马俑》以及《秦腔》等知识自学拓展的学习。

3. 历史学科学生完成了有关秦兵马俑、西安事变、明城墙相关知识的学习任务。

总之此次活动能够让学生更好地把所学知识与实践相结合，更好地运用，达到知识的巩固与活学活用。

4. 行万里路，悟万卷书。

研学拓宽学生眼界，丰富学生历史文化底蕴，激发学生的学习兴趣与创造力，充分发挥社会大课堂的育人功效。要打通课内外学习的壁垒，以开放的姿态徜徉天地，广纳百川。

在这次研学中，学生的足迹遍布三秦大地，从祖国的心脏出发，先后游历革命圣地延安、古都西安，接受红色教育，感悟老一辈无产阶级先辈的革命精神，近距离体会中华文明的博大精深。在延安，同学们斜背腰鼓，手拿红绸和鼓槌，和着铿锵的音乐，踩着有节奏的鼓点学习安塞腰鼓，体会这一民族艺术的独特魅力。在素有"千里黄河一壶收"的壶口瀑布，近距离体会母亲河宏伟壮观的气势，在壶口瀑布的舞台上，师生们共同演唱《黄河大合唱》，歌声嘹亮，震撼人心。有同学在研学日记里写道：

"我心里紧紧铭刻这壮丽的景色，几行字在心中淌过：

只有你真的听过,才能见证这伟大的奇迹!

只有你真的看过,才能明白这气势磅礴!

热爱祖国的大好河山,建设祖国的大好河山!"

"在延安,我才知道,以前从书本和电脑上得到的对延安的认识是多么粗浅和简单。延安的历史和精神是那么丰饶和厚重。就是在眼前这样狭小、阴暗、简陋的窑洞里,毛泽东和老一辈无产阶级革命家指挥了全国的抗日战争和解放战争;就是在这窑洞的小小油灯下,他们写下了一篇又一篇决定中国革命方向、指导中国革命的光辉著作。在这个落后贫穷的地方,领导和指挥了抗日战争和解放战争,奠定了人民共和国的坚定基石,培育了永放光芒的"延安精神!"

学生被美丽的自然风光陶醉,被祖国的壮美山河震撼,被厚重的人文底蕴吸引,被浓郁的风土人情包裹,他们打起安塞腰鼓,唱起陕北民谣,他们用镜头与笔,记录下点点滴滴。在他们精心制作的公众号里,你会发现他们每一天都在成长。从关心美食到关心兵马俑背后的天下苍生。学校润泽课程的精髓就是在潜移默化中育人,春风化雨,万物生长。

5. 即时评价,自主管理。

评价是增强学生自主学习、自我管理的能力的必要途径。

在研学课程中,学生要落实课程任务,完成研学手册。评价贯穿始终才能落实课程目标,防止研学成为简单的旅行。我们的评价形式是多样的,既有随队教师对每天的口头评价,也有每天晚课总结时的系统评价,更有书面的量化评价。有同伴互评,也有自我反思,自我评价。多元评价,保障了研学课程的质量。

4. 互帮互助,团队成长。

研学锻炼了学生的组织管理能力,增进了师生情感,有利于班级文化建设。在研学中,学生第一次离开父母,同学之间互相关照,互帮互助,同学们发现了更多彼此的优点,也更懂得体谅和包容,同时体会到老师无微不至的关爱,与老师建立起深厚的情谊。毫不夸张地说,每个班级的研学过程都是一个团队融合建构涅槃的过程。同学们拍摄的照片,制作的班级公众号,写下的文字,是成长的最好见证,记录下最美好的青春模样。

5. 课程衍伸,因地制宜

我校在总结研学实践经验的基础上,形成我校的学科实践和跨学科综合实践课程体系。在学科实践中,充分挖掘身边的资源,让学生把目光投向身边的北京,文化景观,例如六年级开发了语文学科的"追寻安贞之美"学科实践课程,八年级,举行了"庆冬奥游北京"学科实践活动,学生利用周末探访海棠花溪、柳荫公园、北京西站、清河车站等,写出一篇篇逻辑清晰事例清楚的说明文,还有的同学写了"如何让背街小巷靓起来""故宫祈年殿的文化元素"等高质量实践探究成果。在跨学科综合实践中,我校开发的胡同课程在朝阳区举办区级课程展示会;非遗课程举办北京市综合实践课程展示会,跨学科综合实践课程被评为北京市课程成果一等奖,STIP实践课程被评为北京市课程成果二等奖,我校被评为北京市课程先进单位。

总之,研学活动对学生是知情意行结合进行校外实践的机会,对学校是五育并举完善课程体系的督促,对教师是教学相长检验教学水平的舞台。我们将继续深入研究研学课程体系,将课堂与社会实践相结合。

一曲《登高》抒胸臆　老杜悲情传千古

唐代宗大历二年（767年）秋，杜甫时在夔州，寄人篱下，生活困苦，身多疾病，潦倒无依。一天他独自登上夔州白帝城外的高台，登高临眺，百感交集，创作了这首被誉为"七律之冠"的《登高》。

登　高

杜　甫

风急天高猿啸哀，渚清沙白鸟飞回。

无边落木萧萧下，不尽长江滚滚来。

万里悲秋常作客，百年多病独登台。

艰难苦恨繁霜鬓，潦倒新停浊酒杯。

宋代学者罗大经《鹤林玉露》析颈联云："万里，地之远也；悲秋，时之惨凄也；作客，羁旅也；常作客，久旅也；百年，暮齿也；多病，衰疾也；台，高迥处也；独登台，无亲朋也；十四字之间含有八意，而对偶又极精确。"品读《登高》，岂止这一联，全诗层层悲意涌上心头，选取其中几点粗浅感知。

● **秋意肃杀之悲**

开头写景，天地苍茫，从上到下，由远及近，一气呵成，沉郁中透着悲情。"风急"带动全诗，八个意象渲染出浓重的氛围，天气寒冷，秋气肃杀，秋风迅猛，万物凋零，狂风吹落木叶，发出凄厉的呼号声，天高云阔，飞鸟盘旋，一抹微云随风流转，孤单无依。从远处传来几声凄厉的猿鸣，那声音划破长空，穿越山谷，刺向人的肺腑，"巴东三峡巫峡长，猿鸣三声泪沾裳。"猿鸣在文人墨客笔下多有提及，总觉不及老杜这里的"猿啸哀"来的悲凉，白居易"谪居卧病浔阳城"，听到的"猿哀鸣"，更多的是个人孤寂，知音难觅，孟浩然"日落猿啼欲断肠"也不过是远客思乡，愁肠百结，杜甫呢，这一声猿啸是他心底的长啸，是他对着破败山河的悲鸣，是一种超越个人的旷古苍凉。水边的小洲，泛着清冷的寒气，几只找不到归路的飞鸟，在空中盘旋低徊。人在高台，耳听肤感，似有风吹落叶飒飒入耳，树木不再繁茂，长江奔腾不息，这无穷无尽的时间使诗人倍感渺小，四季变化的树木和从未停止的江水，壮志未酬之苦，老病孤愁之哀，全部迸发出来。可见杜甫的悲悲在秋意肃杀，悲在无边的落叶与无际的江水。盘旋的飞鸟，萧萧的落叶，使秋景更加凄清冷寂，诗心更加寂寞悲凉。

●百年迟暮之悲

此时的老杜已 56 岁，指缝间划过的岁月正如萧萧而下的落木。韦编三绝，废寝忘食，这是 10 岁的样子；信心满满，壮心不已，这是 20 岁的样子；忧国忧民，屡屡受挫，这是 30 岁的样子；破布麻衣，风烛残年，这是现在的样子。岁月如刀，在他的脸上雕刻下风霜雨雪；往事如酒，在他的心里泼洒上酸甜苦辣。时光流逝，岁月无情，望江于夔州，鬓已星星也，迟暮之感倍增，还有多少个秋天可以登高望远呢？逝者如斯夫，不舍昼夜。由满头青丝的少年变为须发花白的老人，不仅有岁月的雕琢，更有人生苦痛的锤炼。百年迟暮又加多病之身，一"悲"一"独"，画龙点睛，使悲情更进一层。"常作客"，注定漂泊不定；"百年多病"，更显病痛之苦。久客独悲之伤，悲秋苦病之思，登高望远，无限悲凉。自古及今，人类深切感受到生命的渺小短暂，有思考后的冷静"人生天地间，若白驹过隙，忽然而已"，有无奈的喟叹"垂老畏闻秋，年光逐水流"，有因热爱而生的希望"人生代代无穷已，江月年年只相似"。在贫病交加之中，杜甫进入人生暮年，自然感知到生命于他已是清秋，"人生不满百，常怀千岁忧。"老杜为何而忧呢？他的暮年之悲里，有陈子昂登幽州台的风骨，同样前不见古人，后不见来者，面对滚滚而逝的大江，霜华满鬓步履蹒跚的他，胸腔里写满的依然是滚烫的热情，那热情，化作一腔壮志无人晓的愁情，那愁情，又浇灌着粉身碎骨义无反顾的热情，老杜的泪，洒在秋水长空，暮年之悲，化为长歌当哭。

● **人生失意之悲**

诗人一生以35岁为界。"群书万卷常暗诵"，是他幼时刻苦学习的写照，"会当凌绝顶，一览众山小"，是他壮游祖国山河时树立的抱负。35岁到40岁，10年困守长安，奸相李林甫、杨国忠当权，诗人物质上极度匮乏，"饥饿动即向一旬，敝衣何啻悬百结"。精神上饱受屈辱，"朝扣富儿门，暮随肥马尘"。45岁到48岁，陷贼与为官时期，"麻鞋见天子，衣袖露两肘"，历尽艰险逃离沦陷的长安，却又因上疏进谏营救房琯触怒肃宗，屡遭贬谪。晚年杜甫更是度过了长达十多年的漂泊生活。蜀地八九年，夔州两三载，飘飘何所似，天地一沙鸥。作此诗，大历二年（767年）秋；老杜离世，大历五年（770年）冬；灵柩返乡，宪宗元和八年（813年）。回顾一生，"致君尧舜上，再使风俗淳"的政治理想宛然在耳，眼前唯有滚滚长江东逝水。

● **忧国伤时之悲**

杜甫的悲悲在国家。金戈铁马，家破人亡，战争给百姓带来无尽痛苦，诗人忧心国运，忧心民生。重九登高，赏菊花，插茱萸，饮酒赋诗。李白"昨日登高罢，今朝更举觞。菊花何太苦，遭此两重阳。"(《九月十日即事》)借菊花两遭采撷之苦寄托个人遭贬内心的苦闷。王维"独在异乡为异客，每逢佳节倍思亲。遥知兄弟登高处，遍插茱萸少一人。"(《九月九日忆山东兄弟》)巧用对写表达身在异乡的游子独自登高对亲人的思念。崔涂"登高迎送远，春恨并依依。不得沧洲信，空看白鹤归。"(《送友人》)表达登上高处目送友人离开的依依不舍之情。这些诗句与老杜的"百年多病独登台"相较，却都轻飘了许多。杜甫登台，无菊，无酒，无茱萸，无亲友，有的是世事沧桑无尽悲凉，有的是艰难苦恨家国忧思。老杜晚年，漂泊十一载，无论走到哪里何等境地，他的心里始终关怀着国家命运和人民安危。"济时敢爱死，寂寞壮心惊"，我们可以想象，一位五十六岁的老人，在飒飒秋风里感慨的艰难苦恨有多少是为他自己？那肃杀寒秋是否冷却了他爱国忧民的赤子热肠？

● **多病停酒之悲**

李白爱酒，醉成神仙，"俱怀逸兴壮思飞，欲上青天揽明月"；杜甫爱酒，沉入民间，"安得广厦千万间？大庇天下寒士俱欢颜"。玄宗天宝十四年（755年），杜甫作《醉时歌》，说自己"得钱即相觅，沽酒不复疑。忘形到尔汝，痛饮真吾师"；肃宗至德三年（758年），杜甫作《曲江二首》，说自己"朝回日日典春衣，每日江头尽醉归。酒债寻常行处有，人生七十古来稀"；肃宗上元二年（761年），草堂落成，有客来访，"盘飧市远无兼味，樽酒家贫只旧醅。肯与邻翁相对饮，隔篱呼取尽余杯"；代宗广德元年（763年），闻官军收河南河北，他手舞足蹈，"白日放歌须纵酒，青春作伴好还乡"；大历二年（767年），夔州登高，"艰难苦恨繁霜鬓，潦倒新停浊酒杯"。酒可解忧，因病停酒，悲愁无从化解,酩酊大醉而不得,所有悲愁都要清醒承受,结缘大半生的朋友与美酒,都不在身边,高台不胜寒,诗人登台,本就容易生出悲凉之感,诗人又是"独登台"。"独登台"又不可饮酒,满腔愁绪挤压心底,发酵成一声幽远的叹息。

● **音韵文气之悲**

好诗耐读。《登高》被誉为"七律之冠",在音韵文气上亦有独特之美,读来字字传悲。"风急"二字,"风"宜长,"急"宜短,读出秋风之劲厉;"天高"二字,"天"宜高,"高"宜远,读出秋天之高远;"猿啸哀"三字,"猿啸"宜平,"哀"宜低缓,读出秋声之凄恻。"渚清"二字宜短促,读出冷清,"沙白"二字宜舒缓,读出绵延,"鸟飞回"之"飞回"宜宛转,读出秋心之无依;"无边落木","无边"宜轻,"落木"宜实,"萧萧下"宜低沉,读出木叶之零落;"不尽长江","不尽"宜敛,"长江"宜放,"滚滚来"宜喧腾,读出江水之威势;"万里悲秋常作客",重读"万""悲""常"三字,悲从中来;"百年多病独登台",重读"百""多""独"三字,哀自心生;"艰难苦恨繁霜鬓","艰难苦恨"一字一顿,"繁霜鬓"紧凑急促,悲情难抑;"潦倒新停浊酒杯",轻读缓停,力达千钧。

十年客居,血与泪容融在战火之中,踉跄的脚步,辗转于破碎的山河。异乡的屋顶,谁家的人儿把清辉漫洒,白发恋着秋草,家书难舍西京。老杜,你是唐朝一片残破的砖瓦,你是八月秋高的散乱之茅。你衣着褴褛,你瘦骨嶙峋,却以巨人的姿态站立在文坛,沉郁顿挫!杜甫,你是坠地的圣!

满眼河山,大地早非李唐有;一腔君国,草堂犹是杜陵春。

云在青天诗在心

中国，是诗的国度，山山水水皆是诗，枝枝叶叶总关情。

探 源

诗，真是一种奇妙的文体，短小？却不失内涵，更易表达，从《诗经》中传来的坎坎伐檀声，从远古的河畔一直传到今人的耳畔，余音依旧绕梁；从《诗经》中走出的新嫁娘，一身红妆两颊桃花，今天依然灼灼其华；还有那痴心女子的眼泪，夫妻鸡鸣时的夜话，与子同袍的慷慨，满头霜雪的蒹葭，摇曳待摘的荇菜……直到今天，依然生命力蓬勃，让人越读越爱，爱不释手，齿颊留芳。

《楚辞》中的《国殇》，堪称一曲千古战歌。

"带长剑兮挟秦弓，首身离兮心不惩。诚既勇兮又以武，终刚强兮不可凌。身既死兮神以灵，子魂魄兮为鬼雄！"读这样的诗，内心涌起万丈的豪情，也就理解了中国历史上那些不屈的脊梁，那些抛头颅洒热血的勇毅刚强，是的，一句诗，就懂了，因为这是源头，不仅是文字的源头更是思想的精神的血脉里的源头，找到源头，就都懂了。

中国是讲究根脉的诗的国度。

寻 美

诗的美是摄魂夺魄的。古诗词的大观园里，有莺飞草长，有姹紫嫣红，也有明月清泉，大漠孤烟，绚丽的美清丽的美，明丽的美凄丽的美，壮观的美婉约的美，相遇的美离别的美，在诗的王国里各美其美，美美与共。若要寻美，就到这里来吧，轻叩《诗经》的门扉，去聆听扎根在生活里的先民的歌唱；掀开《楚辞》的薜荔，去探寻芬芳在香草里的屈子的行吟；涉过《古诗十九首》的江水，去寻那一株不知赠与谁的芙蓉；拨动《汉乐府》的管乐琴音，去寻木兰飒爽的英姿；畅游于大唐的璀璨星空，去感受李杜的光焰万丈长；穿行于两宋的街头巷陌，去寻觅灯火阑珊处的巧笑伊人……把一颗心安放在诗的花海里，一瞬间便芬芳了整个生命。

中国是有大美的诗的国度

漫　溯

中国乃至世界，那么多爱诗的人，因着诗的滋养，他们的生命因此绚丽，因此拥有了直达心灵的力量。诗人是爱做梦的一群，他心中永远藏着一个少年，可以手之舞之足之蹈之，胡适《梦与诗》"都是平常经验/都是平常影象/偶然涌到梦中来/变幻出多少新奇花样/都是平常情感/都是平常言语/偶然碰着个诗人/变幻出多少新奇诗句……"那株从山中带来的兰花草，种在多少诗人的小园中，暗香疏影，绿茎摇摇，君子之风，不媚不骄。冯至的《蛇》："我的寂寞是一条长蛇/冰冷地没有言语/姑娘你万一梦到它时/千万啊/莫要悚惧/它是我忠诚的伴侣/心里害着热烈的乡思……"只有诗人，才能这样去表达这心之旷野里的寂寞，冰冷却又火热。

志摩的诗，那康河里的柔波，那一船的星辉，那片云："我是天空里的一片云，偶尔投影在你的波心。"那片雪"翩翩的在半空里潇洒/我一定认清我的方向/飞扬/飞扬/飞扬…"这脉脉诗情里有人间的四月天，有一棵开花的树，有飞天袖间未落到地面的花朵，有繁星、春水、纸船、红莲……更有"位卑未敢忘忧国"的情怀，有"我以我血荐轩辕"的誓言，有"同学少年挥斥方遒"的豪迈，有"暮雪朝霜，毋改英雄意气！"的坚贞……

中国是有梦想的诗的国度。

传　承

校园有绿树鸟鸣，欢歌笑语，更有琅琅的读书声，一群小小的孩子，有着清澈如泉的双眸，小脸上写的是诚挚的陶醉，"床前明月光，疑是地上霜，举头望明月，低头思故乡。"这诗里写的是中国人的故园之思。这故园之思以诗为翼传承给一代又一代读诗的娃娃，我们何其有幸，生在一个诗的国度，这文字，这情思，这渗透其中的中华五千年传承的文化，就这样渗透进我们的肌肤血脉，"中国人有中国人的心态，中国人有中国人的耳朵。"从孩提起，就听得懂春江的潮水夏日的蝉声秋夜的细雨寒冬的飞雪，真正爱诗的人，眼里心里都是生活。当孩子们不仅读诗而且写诗，就更加趣味盎然了，可爱的文字。它们承载的，是孩子用稚嫩的笔和水晶一样的心，写下的一首首有着活泼生命的小诗，曦曦的诗里这样灵动的文字"是什么让冬天的雪显出淡淡的粉色？""有一个小孩子在采着我的白莲""一看，便看到了迎春花。""校门前/有一棵饱经风霜的柿子树。"思远创作出一首小诗《雪意》，还未走出七步回头说："老师，我又想起一首……"

诗歌不仅属于知名的诗人，更属于普通的你我，最原初的诗不是来自一字不识的伐木工人的号子吗，思无邪，诗歌，当超越年龄，学识，超越文采，只要是你心里的弦乐，拨响了，就足以吟之诵之，歌之哭之，诗歌，当属赤子，诗教，从娃娃开始。

中国是最懂传承的诗的国度。

《杜甫传》里看杜甫

喜欢杜甫,他沉郁顿挫的诗歌,让人心情沉痛,一首《春望》,国破山河在,城春草木深;一首《登高》,风急天高猿啸哀,渚清沙白鸟飞回;一首《茅屋为秋风所破歌》,茅飞渡江撒江郊,感性的认知,只能用喜欢这个词来概括,读《杜甫传》,可以站在更全面的视角看杜甫。

最突出的收获是:看一个人,一定要走进他的时代。一个人的风格特质,是由多方面因素决定的,首先要问一下,他生活在一个怎样的时代。在他的时代里他怎样生活,怎样奋斗,怎样发展,怎样创作,创作了什么。杜甫生活在唐朝由盛转衰的时期,他于公元712年出生,童年在健康的时代里过着健康的生活,他的精神与身体,在这个时代里成长,诗情与童心同在,庭前八月梨枣熟,一日上树能千回。731—740的漫游,在最好的年纪里,看最好的山水,放荡齐赵,裘马清狂,颇有几分任侠之气,这是青年时代的杜甫,不是我们熟悉的有着"葵藿倾太阳,物兴固难夺"的坚决的杜甫,也不是"穷年忧黎元,叹息肠内热"的博大胸怀的杜甫,但又是一个真实的杜甫,那个时代,赋予他充足的物质与经历,体验需要时间与眼界的沉淀。"会当凌绝顶,一览众山小"的火苗,总是一种希望之光,744年遇到李白,745年分离,746年到长安,十年长安生活,唐朝由盛转衰,杜甫的个人境遇也越来越艰难,755到763年,七年安史之乱,唐代政治经济发生剧烈变化,杜甫也由安居走向颠沛流离的后半生。这位唐代最伟大的诗人，掺杂在流亡的队伍里，在蓬蒿里哀号。正是在这样的变故里，杜甫从"从容陪笑语"的皇帝供奉官走向了新的岗位——人民诗人。生存的艰难激发了蓬勃的诗情，一个有着悲悯情怀的诗人，在离乱之中亲历苦痛，他看到的听到的亲历的人民悲苦，凝结成《新安吏》《石壕吏》《潼关吏》《新婚别》《垂老别》《无家别》，759年，是杜甫最艰苦的一年，翻过陇山到秦州，军城烽火，万里不断，无衣无食，生死难期，初冬十月从秦州赴同谷，一个月后启程入蜀，国运维艰，命途多舛，尽管自己艰难但反而更加牵挂苍生。成都生活为他后半生艰辛的生活涂上温暖的底色。接着又是流亡，飘飘何所似，天地一沙鸥。最后五十九岁于寒冬之中病死在湘江舟上，43年后，灵柩才得以移葬首阳山。杜诗，是一个时代的画卷，杜甫是一个时代的悲剧，因为在那样的时代，谁的诗歌里有人民的声音，谁的生活就有冻馁的威胁，杜甫一生，已达极致。

　　那个时代，给了杜甫丰富的人生历程，给了杜甫艰辛的人生体验，也给了杜甫创作的泥土与水源。

　　全面看一个人，一定要将他与他生活的时代联系在一起。还原他的经历，还原真实的面貌。

▶走进语文——思考之美

生活给我的教学启示
——婆婆教会我……

时值清明,冷雨敲窗,寂然独坐,感慨时光的流逝,怀念逝去的亲人。

婆婆已经离开我们快两年了,总是把关于她的回忆尘封在心底,不愿翻起,她是我第一个近距离看着离世的亲人,不愿去想,可是,她就在我的心里,在我们的生活里,祝福着她的丈夫和儿女。

她是一个很坚韧很乐观的人,是一家人的支柱,是一个只知道对别人好不会疼自己的人。

她留给我的,很多是让我获益的小事情,比如擀饺子皮儿。结婚以前,我不会擀饺子皮儿,只会包饺子。我包的饺子很好看,我妈总是夸奖我,于是,每次包饺子,我都不愿意擀皮儿,妈只好自己擀,我来包,妈还说过我,擀皮儿这个活儿该是媳妇干的,看你到了婆婆家怎么办!真到了婆婆家,包饺子的时候,我拿着架势想包,婆婆说:"你擀皮吧。"我说:"我不会拎着擀,我擀不圆,我擀得很慢。"婆婆说:"没关系,不着急。"我只好笨手笨脚地擀起皮来,有大的有小的有厚的有薄的有三角形的有菱形的有四方的有破了的有粘了的不堪入目,我都不好意思了,她竟然一点也不着急,耐心地告诉我怎么做会好一些,耐心地等着我擀出皮再包,哪怕饭吃得晚一点。不知道过了多长时间,我

263

的技术有了质的飞跃，拎着面皮擀得飞快，还又美观又好用。

后来，婆婆因病去世了，留下她的丈夫我的公公，她的儿子我的丈夫，她的孙子我的儿子，我们在一起生活，我作为家里唯一的女人，自然承担起很多家务，过年的时候，我忙前忙后，调馅擀皮，老公帮我包，我们过着一个平凡家庭应有的温暖的生活，这个时候，我真的会怀念我的婆婆，她是要教会我起码的生活技能，让我可以延续她给这个家带来温暖和幸福，让我不惧风雨，让我学会承担。

一个语文老师的职业病，会把生活给予自己的东西和教学联系起来，老子说"授人以鱼不如授之以渔"，我们在教学中，也要放手让学生学，要相信他们，给予他们充分的空间，现在常说学习是学生的事情，让学习发生在学生身上，老师不要越俎代庖，老师要放手，这些道理，联系生活，就都很好理解了。

我的婆婆，正是一位高明的老师。

清明飘雨，飘飞的还有我的怀念，明天，我要亲手包一盘饺子，奉于逝者墓前，表达我的怀念与敬意。

生活给我的教学启示之二——菜市场

忘记了是谁说过，一个热爱生活的人，最该去的地方就是菜市场，好像是这个意思，还有一次看一个摄影比赛的获奖作品，就是凌晨的菜市场，那是城市刚刚睁开的眼睛，那些青菜的气息，就像城市一觉醒来的深呼吸，舒畅而惬意。

人到中年，我也不可救药地爱上了菜市场。

我的家，就在菜市场附近，出门右拐，一条宽宽的街，两边都是卖东西的，从北到南，依次是山药蛋派、荷花淀派、新感觉派，我的评价，不一定准确。

山药蛋派呢，就是土生土长的农村大妈大叔们，挽起的裤腿上还黏着自己菜地里的泥巴，交通工具和菜摊子一般都是依托一辆破旧的三轮车，他们的菜放得并不整齐，甚至有些杂乱；个头也大小不一，甚至有点寒酸，比如萝卜还羞涩地用新泥遮了脸，粗头乱服却不掩国色，那些刚从地里摘来的茄子辣椒自是鲜亮可爱，芹菜叶子也油油的，仿佛要滴出水来，泥土下的萝卜土豆自是最鲜嫩的模样。这里往往还有新鲜的食材，比如鲜嫩的蒲公英、苜蓿芽、花花菜、野荠菜，比如一小撮秋葵，一小盒无花果，一篮子笨鸡蛋，这些都会引来识货的买主，带着惊喜采集自家的美味佳肴。在这里是不用担心不够秤的，看着他们憨厚朴实的笑脸和粗糙的双手，就放心好了。

再往南，是一些固定的摊位，他们往往是夫妻两人共同经营，摊位上的菜都是批发来的，排列齐整，精挑细选后的菜都是没的说的，品种也很是齐全，绿叶菜自不必说，绿豆芽黄豆芽菌类笋类都有，生意兴隆，他们在辛苦之外也就多了几分游刃有余，可以把没有硝烟的战争化成风轻云淡的诗篇，在谈笑风生里做成一笔笔生意。

再往南呢，新感觉派，炸鸡柳的，炸各种鱼的，卖鸡排的，卖纯手工黑芝麻凉皮的，也就是各种口感的小熟食了。

从北到南，一路风景，一路热闹，喧喧嚷嚷的背后，是各家的生活。卖菜的，一分一毛里积攒着未来；买菜的，一芽一叶里凝聚着对家人的爱。

前段时间，去牡丹江，凌晨被宾馆外的喧嚣叫醒，好奇地去走一遭，竟然是一个无比热闹的菜市场，凌晨三点就开始营业的菜市场。一盒盒刚采摘的蓝莓，一篮篮滚着露珠的葡萄，一筐筐黄色的大西红柿，一袋袋透着清香的黑木耳，还有一大车的东北豆筋儿……让正因找不到合适的土特产沮丧的我欣喜若狂，买了一大包，然后，装满了一个大大的编织袋，就这样去乘飞机，到今天依然确定我做的是对的，那些地道的东北美味，让每一个品尝者赞不绝口，我蹩脚的厨艺也得到了大家的认可。

菜市场，爱生活的人，爱家人的人，就去菜市场吧！教学生，就让他们走出象牙塔，扑到生活里吧！那里，有最好的老师！

▶ 走进语文——思考之美

岁月如歌，感谢有你
——于漪老师带我成长

午夜，拖着沉重的身体从医院回到家，亲人卧病，工作繁忙，令我不堪重负，总觉只有身体陀螺一般旋转，一颗心已然麻木。

枕边的书，纸页已经老旧，封面上人的笑容依旧温暖和善，散发出一种历经岁月淘洗的从容、安宁与坚定。

瞬间，一种力量化作汩汩清泉，注入我干涸的心，我仿佛听到一个声音："孩子，不要怕！要知道，无论遇到什么困难，什么挫折，既不能张皇失措，更不能精神崩溃，只要有一线希望，就要努力，一步一步往前走。""奋斗才能生存！"

这一幕正是在我人到中年，生活工作双重压力下几近迷失的时候的真实经历。而给我这份力量的正是令我由衷敬爱的于漪老师。

上面的话摘自她的著作《岁月如歌》，这是我读过的第一本教育类书籍，确切说是她对自己的成长历程及教学思想的自述。前五章回忆了自己的人生遭际、成长及求学的艰辛、初遭疾病的磨难，这些令我非常震撼，没想到，一个有着如雷贯耳般声名的人，经历了这么多的苦难。

母亲给了她振作的力量，对工作的热爱给了她奋斗的动力。一方面遭受病痛折磨，一方面读了很多书，思考很多问题，她说:"读书对人的影响力,对人的熏陶、感染、塑造有极其重要的作用。"反观自己,人到中年,也正经历着一些人生的艰难,也曾经对自己说"生活以痛吻我,我当报之以歌"。但总是少了一点什么,是于逆境中对自我的要求,是在奔波与忙碌中不忘求知的一份执着。回顾自己的成长,从一个傻乎乎的乡野女孩儿,到今天忝列语文特级教师的行列,这中间,除了幸运,就是那一种对自己职业的热爱以及自强不息的奋斗了,所有的挑灯夜读,奋笔疾书,伏案备课,批阅删改,都成了成长的基石,只要在读书在求知,心就是安宁的,一切的困难都不算什么,因为从读过的书里,我知道有比我艰难得多的人,他们怎样面对生活。

说到特级教师,这的确是一个令人羡慕的称呼,但又是一种促你前行的号角。

我看到于漪老师讲述她评上特级后的心情,也是深受启发。她给自己的定位是学做特级教师:一切从零开始,边干边学,边学边干,追求卓越,努力缩短"实"与"名"的距离,向名副其实的目标奋然前行。她用辛苦不寻常的 30 年,走了一条老老实实学做特级教师的路。重要的理论反复学,紧扣一点深入学,拓开视野广泛学。读于漪老师的书,里面有很多来自教学一线的鲜活的例子。她给青年教师做了很多报告,不辞辛苦,惠泽众多。我虽然也没有躺在以前的荣誉上不思进取,也时常有本领不足的惶恐,但尚缺乏于漪老师勤勉踏实、孜孜不倦的精神,读至此,我感觉豁然开朗,教师自身要有丰厚的底蕴,充分挖掘文本的内涵,拓展其广度,增加其深度,旁征博引又恰到好处,这是老师的真功夫,永远都把自己定位为一个学生,学做教师,就好。联想我有幸结识的几位名师,程翔老师、王岱老师、董一菲老师……无一不是做学问，严谨认真；待后学，谦和平易。他们在为人与治学上都堪为表率。

看《读书之乐乐无穷》一章，我也是获益匪浅。于老师在幼年时就痴迷读书，在疾病中更是与书为友，而工作之后，则深感"学然后知不足，教然后知困"，千方百计挤时间读书，力求做到"一丝而累，以至于寸；累寸不已，遂成丈匹"，用锲而不舍的精神走一条丰富自己智力生活的荆棘路。鲁迅为徐寿裳长子徐世瑛开列的书单，于漪老师对自己读书方法的介绍，她对于文天祥、辛弃疾、杜甫、陶渊明的认识，无一不是宝贵的精神富矿、成长资源。

反思自己的读书，我曾经在一篇文章里写下关于读书最美好的记忆：

"在童年，家里穷，没有电视，一台老式的收音机要使劲拍打才偶尔发出点声音，于是，每天坐在门前的大石头上听村里大喇叭上放评书成了必修课，《杨家将》《岳飞传》《呼家将》《三国演义》是我的最爱，上学了，认字了，某一天，我在家里的破东屋里发现了宝藏，那是一大箱子书，所谓箱子，是用水泥磨的，很粗劣，比一般木箱大几倍，里面都是书。放得很整齐，那是爸爸上学时读的书。

从此，破东屋成了我的乐园，我就站在那里一本一本地看啊，到古代战场上，结识纵死犹闻侠骨香的义士，到明月西厢下，体味只羡鸳鸯不羡仙的真情，到西风古道边，劝慰不堪肠断思乡处的远行人，到南山竹篱旁，寻访坏衣芒履住茅轩的隐逸子……党员登记表里宁死不屈的黄淑英母女，百合花里俊美淳朴的小媳妇，奋不顾身推开铁轨上的烈马的欧阳海让我明白什么是忠诚和正义；岳飞传里的秦桧，阿Q正传中的阿Q，巴黎圣母院里的副主教克洛德让我知道了什么是奸邪和丑恶……那些书一直陪伴着我度过小学和初中的美好时光，我感谢它们为我打开了一扇门，一扇通往知识与快乐的门。

于是，我毫不犹豫地选择了读中文系，做语文老师。"

这是我最美好的读书时光。看过于漪老师对读书的见解，反思自我，虽说在幼时读了一些书，但只是凭兴趣，还有条件所限，读书不通也不专，工作后虽读了一些，总是有很强的功利性，数量不够，没有规划，没有恒心。于老师告诉我：读书当有法。

《岁月如歌》是我非常喜欢的，因为她拨动了我的心弦，是我人生路上一盏温暖的灯。

而今，捧读《人民教育》上刊登的《人民教育家于漪》一文，我对于漪老师的教育思想有了更为深刻的认识，她是将个人的一切与民族的命运放到了一起，她坚定地为中华民族而教的精神感染了我，我们的意识往往限于为学校而教，为一个家庭而教，岂不知我们正在培养的孩子，正是民族血脉的延续者，一个，两个，三个……汇聚起来正是民族复兴的中坚力量。我们的一句话一节课，可能会影响孩子的人生观价值观的走向，有家国情怀的老师才能培养出千千万万有家国情怀的孩子，为民族而教，真实可感，催人奋进。

而她"教文育人"的理念，把"人"放到教育的核心地位，心中有爱，目中有人，这正是立德树人总要求的核心要义，于老师在她的教学中清晰洞见并始终实践着这一点，而教书教什么，育人育什么，教育的根本目的是什么，什么样的校长能成为教育家……这些问题体现了她高屋建瓴的思考。读着这篇文章，耳畔回响着"为人师表，一身正气"的铿锵誓言，我看到了一个质朴求真的老人，一个高贵热忱的老人，外在的朴素与内在的高贵和谐统一，于老师不愧是人民的教育家。她引导我站在更高更远的层面看待自己的工作，让我有了更真实的责任感。

我很想见到于漪老师，当面呈上一个后生晚辈的由衷敬意，然而至今未能如愿，虽有遗憾，想来却也释然，已九十高龄的她，一辈子学做老师，又是多少老师一辈子的老师，只要她健康安好，作为后生晚辈，也就心安了。见与不见，尊敬与热爱，都在那里。

最后，以《岁月如歌》扉页上这首诗自励，亦与诸君共勉："拉开层层心幕，往事历历眼前，教海沉浮，岁月如歌，被白发欺人奈何，却道天凉好个秋！"

岁月如歌，感谢有你！

后　记

2015年7月，我出版了第一部专著《爱上语文》，在那部略显青涩的书里，写满我从参加工作到彼时近20年语文教学成长之路上的思考与实践，把我和语文碰撞出的火花以文字的形式记录下来，见证一名一线语文教师点点滴滴地成长，程翔老师为我的书稿题字"在反思中前进，在实践中成长"，这句话切中肯綮，既是对我的肯定，也是对我的勉励，我将之奉为成长座右铭，这些年，始终认真践行。

2015年之后，我感觉自己的语文教学之路在不断拓宽，2017年，我荣幸地评上了山东省语文特级教师，迈上了走近语文的新台阶，但是很快也到了一个瓶颈，外在的美誉与本能的本领恐慌冲击着我的内心，时常提醒自己要名实相符必须系统学习，2019年，中国教育科学研究院朝阳实验学校向我抛出了橄榄枝，再三思考之后，我决定应聘，还记得独自进京参加讲课与答辩的路上，在进站口我遇到了一群进京培训的女孩儿，她们那青春稚气的笑脸、蓬勃向上的活力，彰显着对外面世界的渴望。在北京的地铁上，我见到一个中年人，他戴着耳机，专注而坚定地背着英语，外界的喧嚣丝毫扰乱不了他的心神。这两个场景让我感动和振奋，我感受到了生命向上成长的力量，从零开始的心境，可以唤醒一个矛盾的生命体的奋斗精神。我热爱这种成长的感觉。

来到北京，的确是一切从零开始，从原来教高中到在这里教六年级，翻开语文书，我仿佛回到了自己的小学时代，《草原》

▶ 后 记

《开国大典》《狼牙山五壮士》《穷人》那些自己曾经学过的篇目倍感亲切，《丁香结》《竹节人》《桥》《夏天里的成长》又充满新奇的趣味，课文看似简单，教起来却一点也不容易，教学目标、重难点的确定，学习情境、学习任务的创设，问题的提出与解决，到后来的单元教学设计，一个个需要去攻克的问题不断出现，我就如一个刚刚开始攀登的孩子，一步一步沿着并不平坦的山路向上攀登，程翔老师告诉我："来到北京，踏踏实实干三年再说。"这也成为我进一步攀登的动力与警示。朝阳浓郁的科研氛围深深鼓舞着我积极投入到教学与研究中，我先后作为核心成员参与研究北京市教育学会"十三五"规划课题《小学高段作文教学中培养学生思维品质的策略研究》、朝阳区"十三五"教育科学规划课题《小学语文教学中的德育取向与实现路径》，2021年立项北京市教育学会课题《指向高阶思维发展的语文单元教学实践研究》，2022年立项了北京市教育科学规划课题《基于高阶思维培养的语文单元教学实践研究》。这些课题都是立足于教学中的实际问题，实现了课题研究的纵向贯通与横向融合。从纵向上说，写作教学与读写结合与语文单元教学的研究前后关联，以前的很多研究现在看是稚嫩而不严谨的，但是为后面的研究积累了经验提供了借鉴。从横向上说，读写研究是语文教学的根本，自主学习是提升效率的必由之路，培养思维能力是发展学生核心素养的关键，立德树人是教育教学的目标所在，语文学科尤其重视在学科教学过程中落实德育要素。

在读写结合思想的指引下，我在中国教育电视台执教《追寻安贞之美》，在单元教学课题研究中，执教北京市市级研究课《基于〈苏州园林〉的主题阅读》，在此基础上进一步研究，再次执教《轩榭寄幽情——中国园林之美》市级研究课等，我比较愿意写东西，在写作中梳理，在梳理中提升，写完之后感觉思维也有条理了。这样在教学的过程中也发表了一些文章。比如《贴着生活学语文》发表于《语文教学与研究》，《如何开展基于情境的主题阅读教学》发表于《北京教育》，《构建语文思考力课堂》发表于《中学语文教学参考》……

三年之后的今天，我从六年级来到了初三，即将完成自己从六年级到高三的语文教学大循环，也幸运地评为北京市正高级教师，这是对自己的一份勉励，也是一个新的起点，梳理一些散乱的文字形成这本《走进语文》：执教廿七载，方进语文门；寻真文字里，勿忘赤子心。

在语文教学研究的路上，正如王安石《游褒禅山记》所云："古人之观于天地、山川、草木、虫鱼、鸟兽，往往有得，以其求思之深而无不在也。"程翔老师为我题写了"做有灵魂的教育"，我无比欣喜，这，正是我走进语文之后要去做的事情吧！

真正的热爱，促人成长，无关功利，美丽的风景，需要我们潜心探寻，静心前行。

崔桂静
2023.05.09